O ESPÍRITO DA PROSA

Cristovão Tezza

O ESPÍRITO DA PROSA
uma autobiografia literária

2ª edição

EDITORA RECORD
RIO DE JANEIRO • SÃO PAULO
2012

Cip-Brasil. Catalogação-na-fonte
Sindicato Nacional dos Editores de Livros, RJ.

T339e Tezza, Cristovão, 1952-
2ª ed. O espírito da prosa : uma autobiografia literária / Cristovão Tezza. – 2ª ed. – Rio de Janeiro : Record, 2012.

ISBN 978-85-01-09650-0

1. Tezza, Cristovão, 1952- . 2. Escritores brasileiros – Ensaio. 3. Teoria literária – Brasil – Biografia. 4. Autobiografia. I. Título.

12-2959

CDD 928.699
CDU 929:821.134.3(81)

Copyright © by Cristovão Tezza, 2012

Projeto gráfico: Regina Ferraz

Texto revisado segundo o novo Acordo Ortográfico da Língua Portuguesa.

Direitos exclusivos desta edição reservados pela
EDITORA RECORD LTDA.
Rua Argentina 171 – Rio de Janeiro, RJ – 20921-380 – Tel.: 2585-2000

Impresso no Brasil

ISBN 978-85-01-09650-0

Seja um leitor preferencial Record.
Cadastre-se e receba informações sobre nossos lançamentos e nossas promoções.

Atendimento e venda direta ao leitor:
mdireto@record.com.br ou (21) 2585-2002.

EDITORA AFILIADA

*Guardei-me para a epopeia
que jamais escreverei.*

Carlos Drummond de Andrade

*Talvez fosse verdade, de fato, que não se vive
uma vida longa impunemente;
o preço é, quem sabe,
tornar-me permanentemente outro
que não aquele que fui, sem que isso
me permita assumir alguma forma vantajosa.*

Nathaniel Hawthorne, *A letra escarlate*

1

Este não é um trabalho acadêmico. Mas como pertenci à Ordem durante mais de vinte anos e estou longe do claustro ainda há pouco tempo, certamente muitas marcas do mundo acadêmico vão transparecer na minha linguagem. Não consegui me livrar completamente delas. Reconhece-se de longe um ex-seminarista — pequenos gestos o traem, um corte de cabelo, uma nota de rodapé, a convenção da cortesia. Mas advirto que não há nada pior que o novo ateu, para fazer um paralelo pertinente. Jogado súbito na liberdade, ele gosta de arremessar pedras contra o deus inexistente a quem serviu a vida inteira. Vai para o lugar-comum: nada recomeça do zero. De qualquer forma, essa é uma discussão inútil. Estou aqui: basta.

Para conversar sobre a prosa, confesso apenas um mestre, que li tardiamente e que me ensinou tudo que sei, na perspectiva acadêmica e fora dela, sobre prosa e romance. Talvez não seja muito. Certamente não é muito, mas acrescentem-se aí alguns anos de prática, livros de ficção publicados (alguns antes mesmo que eu houvesse experimentado uma disciplina chamada "teoria literária"), dois ou três sucessos momentâneos (na escala brasileira), e nasce uma certa sensação de que sou *romancista*, o que é um lugar marcado em geral no mau sentido, se estamos no Brasil, mas que, somando tudo, confere uma certa ilusão de autoridade. Jornais e revistas importantes me convidaram para escrever críticas, resenhas, crônicas; fui entrevistado incontáveis vezes; muito se disse sobre meus textos; cheguei a ser traduzido em seis ou sete línguas; jornalistas, críticos e professores continuam compartilhando simpaticamente meus livros, e sou grato a eles por, afinal, garantirem minha sobrevivência (no sentido abstrato, como artista, e no sentido concreto, como arrimo de família); aqui e ali, falam mal, quase sempre discretos, provavelmente com justiça; mas o saldo tem sido positivo, digamos assim, se fosse o caso de, no balcão do armazém, conferir, medir, pesar e concluir.

(Parêntese: pode parecer um gesto puramente retórico, ou, pior, uma desagradável afetação literária esta busca de referências para me afirmar escritor. Um gesto retórico, talvez, o que está na alma da prosa; mas não falso. Lembro sempre a cena do tribunal soviético que acusou o poeta Joseph Brodsky de "parasitismo social", e a pergunta terrível que lhe fizeram: "Quem disse que você é poeta?" Todo escritor um dia terá de se fazer a mesma pergunta. A resposta não é simples.)

Tudo bem: escritor. Aceito o título. Melhor: prosador. Escritor é uma boa definição, a meu favor — cabe tudo. Prosador é mais preciso, e também nele cabe quase tudo, exceto a poesia. Já *romancista* é uma coisa antiga, para determinada faixa de compreensão. A palavra romance não tem nenhuma precisão, especialmente entre nós. Pode ser, no sentido estrito, um gênero composicional que começou no final do século XVIII, avançou e atingiu seu ápice no século XIX e morreu penosamente ao longo da primeira metade do século XX. Parte substancial da crítica aceita essa delimitação, em geral "de esquerda", se é que isso faz sentido ainda, isto é, um mundo chapado — o romance seria o gênero burguês por excelência, vocação, utilidade. O ódio ao burguês (um ódio autofágico, porque foi a ascensão da burguesia, das classes médias urbanas, que possibilitou a ideia moderna de leitura, a apropriação pessoal do tempo, e jamais conheci um intelectual mais ou menos complexo que não fosse um burguês, no sentido técnico do termo); o ódio ao burguês, como dizia, transformou-se no ódio ao romance, e até hoje uma legião mundial de guerrilheiros avulsos da arte destrói todos os dias o romance, mal rompe a manhã. Talvez seja ainda uma consequência do grande mito revolucionário do século XIX — como o burguês inexoravelmente desapareceria com o triunfo do paraíso universal socialista, iriam junto com ele as taxas extorsivas de juros, a exploração do homem pelo homem e bibliotecas inteiras de romances decadentes.

Mas ao lado da sociologia do romance há também a sempre exigente perspectiva formal, o que dá à morte da prosa o toque científico da medicina literária. Pode ser que o teórico coloque seu nascimento no *Dom Quixote*, encerrando-o no *Ulysses* de Joyce, com a pá de cal de *Finnegans wake*. E fez-se a Treva sobre o mundo; ou fez-se o cinema, que teria ocupado o espaço do romance, encerrando-se hegelianamente um ciclo histórico inexorável. Em algum lugar lá adiante estará o ponto ômega da redenção da linguagem artística, para onde iremos todos, sugados pelo vórtice incontornável da História. Ou sugados irresistivelmente pela linguagem, que passará a falar sozinha, como os anjos, dispensando a presença suja de falantes históricos. Ou então o início está em *Satyricon*, e o fim em algum lugar do passado próximo. É um campo arbitrário — escolhe-se um começo e um fim, de acordo com alguns parâmetros, e do resto se encarrega a lógica formal.

2

A minha referência essencial — Mikhail Mikháilovitch Bakhtin (1895-1975) — não fez nada disso. Ele passou boa parte de sua longa (e, a rigor, anônima) vida falando e escrevendo sobre "prosa romanesca", definindo-a não como uma forma composicional fechada e delimitada num período literário específico, mas como uma linguagem; ou, mais precisamente, como um modo de apropriação da linguagem que tem várias faces e alguns pressupostos sociolinguísticos importantes.

A primeira face é naturalmente a estética, isto é, uma linguagem que exige fechamento e afastamento do evento da vida, com o qual não se confunde (ou não se *funde* — exceto no momento em que o leio ou o escrevo, quando se torna parte inseparável do evento da minha vida; mas ele, em si, o objeto romance, é *representação*, um duplo que se observa). Nesse sentido, para colocar uma régua nesse limite, quando fala em arte Bakhtin vai até a antessala da *performance*, o gesto estético que é ao mesmo tempo um gesto da vida, com a qual se confunde, mas não a assume. Na *performance*, acaba a literatura; toda *performance* é um panfleto (no sentido de que narrador e autor, para usar duas imagens da literatura, são a mesma pessoa).

(Parêntese: Parte da inteligência crítica literária atual tende a ver a grande literatura — ou a literatura que doravante valeria a pena — como irmã gêmea da arte conceitual. De um lado há como que um horror de *conteúdos* (ou de *psicologia*, uma palavra execrada no campo literário contemporâneo), e um amor ao *conceito*, que é, enfim, um protótipo formal capaz de ser preenchível. Nas artes plásticas isso é imediatamente reconhecível: depois da morte da representação, definitivamente esmagada pela vulgarização da técnica de reprodução, desde que Duchamp colocou em cena seu mictório de cabeça para baixo, o ato de representar não teria mais sentido — o conceito, a subcamada formal que cria significados, é que seria relevante. O interessantíssimo é que a arte conceitual, em boa instância, acaba por ser sempre a síntese de uma *mensagem* — pergunte-se ao intérprete do criador original de, digamos, pedras e cavacos aleatórios no chão do museu, iluminados por uma rede de lâmpadas queimadas, e ele quase sempre dará uma chave política ao conceito. É a volta espetacular da mensagem ao mundo da arte, desde a relativa influência do realismo socialista. Duplamente curiosa é a irresistível atração de um segmento dos escritores contemporâneos — ou daqueles que costumam subscrever a ideia de vanguarda, esse sempre necessário impulso pelo novo — pelo *conceito* como pedra lapidar do texto literário.

Dois pontos: a inadequação irrecuperável de submeter a literatura a uma pauta original das artes plásticas, desconsiderando a especificidade única e intransferível dos modos de produção de sentido da linguagem verbal e de tudo que, apenas nela, entra em jogo; e, consequência do primeiro ponto, a supressão do valor do sujeito como parte criadora do objeto. No conceito, *tudo* é objeto. Seres intercambiáveis, não estamos mais em lugar algum. Há quem ache isso interessante. Uma espécie de militarização da arte — soldados têm funções, não personalidade.

O que cria um duplo fracasso do que seria uma prosa conceitual. Ou ela se realiza como conteúdo traduzido, a maldita *mensagem*, ou, a hipótese eventualmente melhor, como a demonstração fria de uma técnica. Tirou-se dela o componente da experiência do sujeito, ou a sua empatia, como a chave medular da arte literária.)

O segundo aspecto é igualmente crucial: não fazendo parte do evento direto da vida, a prosa romanesca é uma experiência linguística que já nasce dupla — há sempre um narrador sobre um narrador; a linguagem é comentada por outra linguagem, e ambas estão inextricavelmente contidas no instante presente de seu enunciado. Dizendo com simplicidade: se o leitor aceita que as palavras que ele lê agora são a expressão direta e intransferível das opiniões de Cristovão Tezza, ele mesmo, por mais confusas ou enganadoras que sejam, ele está diante de um não romance, uma não ficção (um ensaio, ou qualquer gênero de texto que extraia todo o seu sentido da pressuposição intencional e direta de verdade).

Mas se o leitor sente nestas palavras um *outro* que fala (um narrador abstrato, por exemplo), com intenção estética (isto é, com intenção de elaborar uma obra fechada de representação de um ponto de vista que não é, necessariamente, ou completamente, a de CT; que, enfim, *não pode* ser de modo chapado a do autor), ele estará diante de prosa romanesca, ainda que embrionária. (O perigo dessa didática pedestre é esquecer que, às vezes, se passa sutilmente de uma coisa a outra — mas sempre escapa um eixo de conjunto, que repõe, em cada passo, o lugar do sentido. Aliás, para dar *qualquer* sentido, o leitor precisa desse eixo estável que, no momento da apreensão, diz o que ele está lendo oferecendo-lhe um quadro valorativo de referência. A ideia sedutora de "obra aberta" é uma metáfora fascinante com valor exclusivamente poético; ela não tem correspondência com nenhuma possibilidade de produção de sentido, no momento de sua apreensão.)

Nessa guerra de linguagens, percebe-se desde já que um não romance pode conter partes romanescas, e um romance pode conter partes de não romance, para colocar as coisas de forma simples. (Bem, o romance é obrigado a conter partes de não romance; ele se alimenta delas. O horror do bom poeta aos lugares-comuns da linguagem nunca é totalmente partilhado pelo bom prosador, cujo ponto de partida de sua experiência romanesca é exatamente o lugar-comum.)

É bom relembrar que a linguagem não foi disposta em compartimentos por um chefe de repartição, que a classificasse à força de carimbos, portarias e regulamentos. Há sempre alguém, em toda parte, sem poder nenhum, que diz alguma coisa sobre a linguagem, baseado sólida ou vagamente no que os outros já disseram, ali acrescentando uma pitada. É o meu caso.

Para fechar este trecho, voltemos ao pressuposto sociolinguístico: o romance é uma linguagem que, obrigatoriamente, toma conhecimento de outras linguagens, passando-lhes recibo. Culturas míticas centralizadas não produzem romances, porque não admitem outras linguagens. É o sentimento de diferença linguística (com todo o pacote que vem junto, cada microssotaque, sistema de crenças e saldo bancário) que alimenta vivamente a prosa romanesca.

3

É claro que muitas outras variáveis entram em jogo, além do ponto de partida duplo que define prosa romanesca. Mas como esta é uma aventura pessoal, quero me incluir vivamente nela, ou, usando um invólucro menos egocêntrico, quero marcar que não existe pensamento sem o seu *produtor-usuário*, para quem, em algum momento da vida, afirmações abstratas, às vezes absurdas, passam a fazer sentido. Toda ideia tem um espaço e um tempo — e alguém que ali se move inseguro.

Pois bem, de Bakhtin comecei lendo, em 1981 ou 1982, o capítulo 2 de *O discurso no romance*, que trata da distinção entre o discurso no romance e o discurso na poesia. Era um xerox coletivo de uma tradução francesa, daqueles avulsos que circulam sem fonte nem fim nos corredores da pós-graduação. Como meu francês sempre foi ruim — estudei sete anos francês no Colégio Estadual do Paraná, começando de novo todos os anos, *la table, le mur, les enfants*, e cada um deles foi inútil —, cooptei uma professora amiga e abençoada que, no sótão de um casarão antigo da rua Sete de Setembro, em Curitiba, aguentava a fumaça do meu cigarro e a minha dificuldade camponesa de me transportar a outra língua, e me ajudava a traduzir aquela criptografia bakhtiniana linha a linha. Tudo ali era difícil. Entrar num outro quadro mental, inteiramente novo para mim, com a sintaxe original russa transmutada para o francês por um tradutor certamente estruturalista, como todo pensador francês da época (e que portanto, inebriado de estruturas sem sujeito, parecia não fazer nenhuma questão de entender Bakhtin à maneira *dele*), e adaptar aquele vocabulário especializado para um português de leigo, em frases arrancadas de uma fotocópia cheia de manchas e rasuras, era uma tortura.

Mas, aluno novo de Letras, eu tinha uma vaga ideia de que Bakhtin seria um pensador interessante, pela via da linguística e (ainda) de certo marxismo (naqueles anos se pensava difusamente que pensadores parcialmente diferentes, Bakhtin, Volochínov e Medviédev, eram todos farinha do mesmo saco nas trevas stalinistas, o que dava um sobretoque romântico ao pensamento bakhtiniano), e assim enfrentei o sacrifício. Pelo menos com uma vantagem: eu comecei a ler Bakhtin indiscutivelmente ele mesmo, e não os espelhos de Volochínov e Medviédev. Ao contrário do que seria a via comum da época, até por acesso à então única tradução disponível, não foi o *Marxismo e filosofia da linguagem*, assinado por Volochínov, meu ponto de partida. Comecei por seus textos sobre literatura.

De qualquer forma, tratava-se de uma entrada retardatária no mundo da civilização teórica, já beirando os 30 anos depois de uma juventude e anos de formação radicalmente não acadêmicos; menos que isso, apenas bárbaros, no sentido de simples ignorância, com um viés orgulhoso pela recusa às vezes instintiva, às vezes deliberada, ao conhecimento formal, tudo sob uma desconfiança mercurial da universidade que só acabou por explodir, felizmente já com o devido conforto, vinte anos depois, quando enfim me livrei dela. (Há um visível sentimento de ingratidão no meu gesto, porque ela me deu sobrevivência e as armas da sobrevivência; e até boa parte das palavras desta minha conversa — no entanto, mantenho teimosamente a minha teima, camponês xucro escorado no balcão da taverna.) Tentei sonhar uma vida que fosse igualmente *performance*, a Terra é um palco, eu sou o espetáculo, o que era apenas um cacoete de época. (Que, aliás, parece estar voltando, agora como cinismo.)

Súbito, duas ou três frases daquele texto me marcaram profundamente. Na verdade, tornaram-se uma obsessão circular, com um toque de *pathos*, que passei duas décadas — a metade acadêmica da minha vida, bem entendido, porque na outra metade respirava, lia e escrevia ficção — trabalhando ou tentando elucidar. Elucidar, não exatamente — como eu havia sido *iluminado* pelas frases, a tarefa agora seria convencer alguém de que elas *correspondiam à realidade*. Sei que estou mexendo com muitas coisas ao mesmo tempo, que devem ser cuidadosamente desdobradas, mas preciso começar de alguma parte. Vamos então a uma dessas frases, revista agora, simulando um leitor ingênuo, quase literal, a utopia de um leitor inocente de primeira viagem:

> A exigência fundamental do estilo poético é a responsabilidade constante e direta do poeta pela linguagem de toda a obra como *sua própria linguagem*, a completa solidariedade com cada elemento, tom e nuança.*

Seria preciso ter previamente em mente o conceito bakhtiniano de linguagem (o que não é tão simples) para destrin-

---

* Por ser impossível recuperar a tradução "original", transcrevo aqui dois trechos da que acabou sendo publicada no Brasil alguns anos depois, diretamente do russo, pela equipe liderada por Aurora Fornoni Bernardini (Mikhail Bakhtin, *Questões de literatura e estética*. São Paulo: Unesp/Hucitec, 1988, p. 71-164).

char um pouco melhor o que ele diz, mas enfrentemos literalmente a afirmação, reproduzindo mais ou menos o que aconteceu comigo. Isto é, o poeta acredita, ele mesmo, com toda a força de sua alma, em cada palavra e cada vírgula que escreve; o poeta diz *a verdade*. Ele é absolutamente solidário com o que escreve. E é só por isso que o poeta escreve.

Para que a afirmação de Bakhtin fosse verdadeira, eu pensava (lembrando agora, ou reconstituindo o que eu pensava — não é mais a mesma coisa) que com o prosador as coisas se passassem de modo diferente, ou ele estaria falando do mesmo fenômeno o tempo todo. Pois bem, em outro momento, marcando o contraste, ele dizia:

> O prosador não purifica seus discursos das intenções e tons de outrem, não destrói os germes do plurilinguismo social que estão encerrados neles, não elimina aquelas figuras linguísticas e aquelas maneiras de falar, aqueles personagens narradores virtuais que transparecem por trás das palavras e formas da linguagem [...]. Deste modo, o prosador pode se destacar da linguagem de sua obra.

Explicando em primeira instância: o prosador fala pelos outros; há necessariamente uma substância ventríloqua na sua linguagem. Como frisei, existem muito mais coisas em jogo aqui, mas, propositalmente, ao reconstituir o sótão da minha infância teórica, eliminei a terminologia mais técnica do mundo bakhtiniano, como o conceito de dialogismo (que eu começava de algum modo a apreender pela via da linguística), plurilinguismo (uma palavra que me soava enganosamente autoexplicativa), e as categorias de "monológico" e "polifônico", que tiveram (e provavelmente ainda têm) longa vida no mundo acadêmico pela simplificação de almanaque que sugerem ao confundir teoria da linguagem (via Volóchinov) com teoria da literatura (via Bakhtin) e facilitar a vida de todo mundo, do professor que faz a tabela no quadro ao aluno que a transcreve na prova.

No quadro conceitual bakhtiniano, dialogismo é uma característica inerente a toda produção de linguagem, da frase que pensamos sem enunciar, ao café da manhã, passando manteiga no pão, aos volumes completos de *Em busca do tempo perdido*. Isto é, a enunciação da linguagem é dialógica *sempre*. Segundo Bakhtin, essa é uma categoria *linguística* universal de todo enunciado concreto.

Já plurilinguismo, para Bakhtin, é uma categoria *literária*, os modos pelos quais a literatura, em alguns momentos da história e em alguns gêneros prosaicos, consubstancia o dialogismo da linguagem em formas sintática e semanticamente discerníveis. O plurilinguismo funde na mesma sentença vozes ativamente distintas, às vezes ressoando surdamente no discurso indireto livre das sociedades com nítida consciência das diferenças sociais, linguísticas e culturais. Plurilinguismo é um traço eventual, marcadamente histórico, da realização literária.

Polifonia foi um termo que Bakhtin criou, por seu paralelo com o conceito musical, para definir a obra de Dostoiévski. Este detalhe é importante: assim como ele criou o termo "carnavalização" para dar conta do universo da obra de François Rabelais, Bakhtin criou a ideia de romance polifônico para explicar a obra de Dostoiévski, com a qual o conceito está profundamente ligado. O próprio Bakhtin jamais conseguiu encontrar um outro romancista "polifônico", tantas eram as exigências para que uma obra se definisse assim. O conceito "monológico" decorre daí e se opõe ao conceito polifônico que ele atribuiu ao escritor russo.

Para mim, o conceito de polifonia romanesca foi criado por Bakhtin para responder à literatura de Dostoiévski, antes mesmo de pretender definir algum traço genérico das formas do romance. Ele chegou a esse conceito a partir de sua busca original de uma representação filosófica capaz de dar conta do evento da vida. Esta foi a primeira preocupação intelectual de Bakhtin. Em *Para uma filosofia do ato*, sua primeira obra, Bakhtin pretendia delinear uma filosofia capaz de representar o evento da vida sem reduzi-la a um conceito que subtraia o observador da coisa observada, uma filosofia que não transformasse o sujeito em objeto. Em Dostoiévski ele vai encontrar o narrador que buscava na filosofia (lembremos o detalhe importantíssimo de que era impossível filosofar na nascente Rússia soviética, mas ainda era possível fazer crítica literária). Assim, o conceito de obra polifônica nasceu diretamente das características marcantes da narração dostoievskiana, mas o seu espírito é claramente filosófico — é como se, no melhor clima dos anos 1920, em que desenvolveu *Problemas da poética de Dostoiévski* (publicado em 1929), ele apostasse numa transcendência filosófica da literatura como seu caminho de renovação radical.

Na verdade, essa busca de um rigor terminológico a que me atenho para entender o que de fato Bakhtin disse não importa aqui, porque afinal a linguagem não tem proprietários exclusivos. Faço essa breve retomada dos conceitos, tais como os li e apreendi, apenas para voltar ao ponto que me interessa: aquilo em que eu concentrava meu olhar era a percepção do conceito de poesia e de prosa como perspectivas substancialmente distintas de relação com a linguagem, não assumida no seu quadro tradicional, estritamente técnico e abstrato (*versos, rimas, metro X conversa fiada cotidiana*), mas incluindo o modo de apropriação da linguagem do criador, a sua (agora sim) *performance*, como parte integrante da definição estilística do gênero.

É engraçado que eu relembre aquele momento definindo-o, insanamente, como "iluminação", o que corroboraria uma certa mística epifânica que se criou em torno de Bakhtin, um pensador explicado ao mesmo tempo por exegeses radicalmente distintas, tanto como um cristão existencialista, herdeiro de santo Agostinho, quanto como um materialista dialético de carteirinha, preocupado em prover o marxismo soviético oficial de uma boa (isto é, *científica*) teoria da linguagem e da literatura (o que talvez tenha sido a ambição de Volóchinov e de Medviédev, desaparecidos no grande terror stalinista). O tempo vai se encarregar de depurá-lo, na mão de verdadeiros especialistas, já com uma bibliografia original e dados históricos que eram inacessíveis há trinta anos até mesmo na Rússia.

De qualquer forma, interessa aqui, neste texto pessoal de formação que escrevo agora, a percepção desse intenso, belo e atraente espírito da prosa que, na minha cabeça, correspondia à, digamos, *realidade* (ou seja, como seriam *de fato* a prosa e a poesia). Troquemos pois a ideia de "iluminação" pela de simples "estalo". Fica bem mais de acordo com a cabeça desarmada de quem, como eu, se sente desde sempre desprovido de sentimento religioso, místico ou transcendente, e desconfia, provinciano indócil, de todo espírito de pose. Estalo é melhor. Mas também isso tem sua história. Vou abrir um parêntese.

4

O que leva alguém a escrever?

Nas palestras que tenho feito ao longo de minha vida de caixeiro-viajante literário, sempre me perguntam como é o meu método de trabalho e quais as minhas estratégias de romancista — se antes penso na história completa e depois começo a escrever, ou se começo a escrever sem saber o que vai acontecer, se escrevo todos os dias, se tenho horário, se é verdade que escrevo à mão etc. Também me perguntam com frequência quando comecei a escrever. Todas essas indagações têm respostas fáceis, porque puramente factuais, concretas. Mas a pergunta verdadeiramente difícil é mais rara: o que leva alguém a escrever?

O ponto é este: o momento em que um não escritor se torna um escritor. Não se trata ainda de uma discussão sobre méritos, sobre grandes ou pequenos escritores, o que é outra história; a questão é compreender essa *passagem*, esse desejo que, pela primeira vez na vida de alguém, se realiza concretamente por palavras numa folha de papel ou num monitor. Não como uma brincadeira eventual, um exercício, uma ilustração paralela da própria vida, uma breve vaidade, uma atividade diletante, talvez formas inevitáveis de um primeiro momento de quem escreve — mas como uma decisão mesmo, uma escolha com um peso marcante que muda, de um modo quase que sem retorno, a perspectiva do gesto. Obviamente, é muito difícil criar uma categoria universal a esse instante de decisão, a essa passagem; é, de fato, impossível descobrir o que há em comum no momento em que Liev Tolstói, Voltaire, Mário Quintana, Mark Twain, Agatha Christie, Kenzaburo Oe, Camões, Paulo Coelho, T. S. Eliot, François Villon, Machado de Assis, J. M. Coetzee e Sidney Sheldon decidiram "escrever".

Em qualquer caso, o momento de decisão não será nunca de natureza estética — ninguém escolhe ser um poema ou se metamorfosear numa narrativa, embora esta seja uma metáfora poética recorrente. Há mesmo um poderoso *kitsch* poético que, como varinha de condão, parece fazer da vida pública do poeta uma sequência de versos. Isso parece especialmente verdadeiro em alguns momentos de ruptura de vanguarda, em que a *performance* se confunde com a obra de arte. Mas, no mundo real, fica-se sempre do lado de fora. E trata-se, também em qualquer caso, de uma escolha. Decide-se ser escritor e assume-se esse risco. Parece óbvio, mas criou-se uma mitologia escapista para resolver esse momento. Não é pequena a quantidade de candidatos a escritores, potenciais escritores, e mesmo escritores de fato e de direito que inventam toda espécie de álibi para essa escolha, como se eles não estivessem ali. O gesto de escrever como que se cobre de vergonha, busca muletas alheias, esconde-se numa gaveta mental à espera de alguém que, apontando-nos publicamente o dedo, faça o milagre de nos transformar em escritor.

Faz sentido, embora pareça covardia. Ninguém foge do poder avaliativo do olhar alheio, e quem quer que escreva terá de enfrentá-lo. Fala-se em "dom da escrita" como uma dádiva celeste. Nessa fantasia, supõe-se que se possa escrever de mãos limpas, o anjo que transcreve a palavra de Deus e não se suja nessa passagem. De certa forma, escrever é um ato que obedece à mesma lógica de qualquer outro ato humano, submetido ao mesmo espectro da vontade, da ética, do sistema de valores morais e estéticos etc. A diferença é que praticamente todos os outros atos cotidianos estão já enquadrados em formas sociais bem estabelecidas e iluminadas, enquanto a escrita só faz sentido se abrir algum caminho novo para quem escreve e para quem lê.

"Ser um escritor" não é uma categoria universal ou atemporal. É uma escolha bastante específica. Em contrapartida, lembro-me sempre de uma frase avulsa de Roland Barthes que li no início dos anos 1970 e que agora reproduzo de memória — *para o escritor, escrever é um verbo intransitivo*. É uma bela imagem, ainda que eu a tenha absorvido a contragosto. Admirava Barthes como quem admira um número de prestidigitação — são apresentações mágicas, bonitas, surpreendentes, às vezes impressionantes, mas todas parecem reduzir-se a um truque. Que seja, um truque *poético*. Tire-se a luz, o efeito da sombra, o cenário em negro, o arranjo da sintaxe, o sentido oculto na manga, o silêncio preparatório, e o poeta está nu. No fundo de tudo, grassa uma aposta sutil no irracional, num cansaço *blasé* das formas que, súbito, descobre a autonomia da linguagem — que ela fale sozinha. Eu não estou aqui. É a linguagem que conspira, e não pessoas históricas de carne e osso.

Nunca consegui aceitar essa passagem.

5

A literatura tem sentidos diferentes em tempos históricos diferentes (às vezes sentidos radicalmente diferentes), e também em culturas diferentes. Mesmo em culturas semelhantes, cada tribo acaba por assumir algumas características próprias nem sempre intercambiáveis ou mesmo traduzíveis com fidelidade. A própria noção de *escrita* já cria por si só um campo delimitado de literatura, hoje brutalmente hegemônico, que apenas incidentalmente, marginalmente ou exoticamente inclui a ideia de literatura oral, embora a oralidade tenha sido um dos motores mais fortes da literatura ao longo da história. (Hoje, a própria poesia, por origem e excelência um fenômeno oral, se tornou majoritariamente um objeto para os olhos. O que havia de oralidade nela parece que migrou para a música popular, onde encontrou um corrosivo e invencível hábitat, de tal forma poderoso que cortou o caminho de volta.)

A ideia de literatura, esse vasto e difuso *corpus* que inclui poemas, contos, romances, novelas sob o título também genérico de ficção, é portanto uma firme e bem-cuidada construção histórica, a partir da qual iluminamos o passado, criamos trilhas e inventamos ancestrais. E, no mesmo pacote, cultuamos alguma coisa mais ou menos etérea chamada literatura, mas com uma presença palpável no mundo real, em suas faixas de produção de prestígio, um cobiçado objeto de controle comercial, acadêmico, político, cultural e social. Há livros que vendem, livros ungidos como especialmente bons, livros com importância política, livros que entretêm, livros reveladores de culturas específicas, livros que são índices de padrão social, mas muito rarissimamente haverá livros que sejam tudo isso ao mesmo tempo, e menos ainda o tempo todo.

Como sempre, é preciso escolher onde estamos e de que falamos.

6

Nessa tentativa de mergulhar no espírito da prosa, vou falar de mim mesmo, um pouco da minha geração e outro tanto da literatura que me formou e daquela que hoje me interessa. No pacote certamente vão entrar as características muito específicas do Brasil, da cultura que partilho e da língua que eu falo. Assim, a difícil resposta à pergunta sobre o que leva alguém a escrever diz respeito ao quadro acima. O que leva alguém a escrever, hoje, neste mundo em que estamos (que, felizmente, para nós já é um mundo bem mais amplo do que a mera geografia brasileira; e muitíssimo mais amplo do que aquele que Machado de Assis compartilhava quando começou a escrever, ainda que não seja certo que algum escritor brasileiro depois dele tenha tido o seu alcance e o seu peso). E o conceito de literatura que pressuponho é aquele que se criou substancialmente no Ocidente ao longo dos séculos XIX e XX, estabelecendo as categorias literárias ainda hoje correntes. Afinal, são essas categorias que vêm recriando o passado literário e de certa forma nos inscrevendo numa família histórica. Elas dão sentido a um objeto — a literatura — que, a princípio, parece hoje uma órfã do mundo utilitário, ou pelo menos gosta de se imaginar assim. Talvez porque ela precise imaginar-se assim para ter, de fato, algum sentido original.

De qualquer modo, pressinto um fracasso de origem no que tento fazer. Alguém que, ao abdicar da segurança acadêmica, se encontra desarmado para o próprio tema que escolhe. Alguém que vai falar de algo que, do ponto de vista objetivo, desconhece: a máquina da criação literária.

Não se trata de uma afirmação puramente retórica. Produzir literatura é uma coisa — sou autor de vários romances que encontraram leitores, especialistas e não especialistas, que, como eu disse ao início, de algum modo me garantiram esse incerto *status* de escritor — e não há outro modo de aferir meu trabalho, porque (felizmente) não se trata de ocupação com regulamentação oficial e legal. Mas coisa muito diversa é dissertar sobre esse mistério que se chama *criação literária*, sem fazer, digamos, poesia. Isto é, sair do mundo da pura criação, se essa metáfora corresponde a alguma realidade, para a do observador, de bisturi na mão, diante de um objeto inanimado chamado literatura.

Volto ao começo.

O que me levou a escrever foi um misto de infelicidade e esperança, embora eu não soubesse disso no momento em que produzi a minha primeira frase literária: o nascimento da obra, digamos assim, para definir com alguma pompa o que não tinha nenhum valor autônomo além de um desejo. Comecei, de fato, copiando *formas* de livros. Tenho uma memória apenas fragmentária da minha infância, provavelmente dirigida pelos interesses do adulto que escolhe suas lembranças ao sabor de suas secretas preferências. Mas acho que estou factualmente certo ao dizer que meu primeiro gesto literário aconteceu em 1962, em torno dos 10 anos de idade, quando eu cortava folhas tamanho ofício em quatro ou mesmo oito partes iguais (lembro que eram objetos miúdos), cobria as folhinhas com uma capa e costurava com linha e agulha a breve lombada. Em seguida, escrevia histórias nos livrinhos, histórias que meramente copiavam seriados da fascinante televisão em branco e preto que havia sido recém-implantada na sala de um apartamento da rua Mateus Leme, em Curitiba, por conta do irmão mais velho, subitamente rico por haver passado num concurso do Banco do Brasil.

Muito mais importante que as histórias, das quais não lembro nada, era a *aparência* do livro, a imitação gráfica de um livro "de verdade". Aquela imitação infantil representava o cruzamento de dois fascínios aparentemente contraditórios que, simbolicamente (ou, para ser direto, concretamente), estavam no centro do país que emergia com a minha geração naqueles anos transformadores. A clássica cultura letrada de uma pequena parcela da população urbana da província brasileira encontrando (e chocando-se com) a cultura oral da televisão nascente que iria em breve se universalizar.

A minha paixão pelos livros começou assim pela imitação de suas formas, antes mesmo que se criasse na minha cabeça uma ideia, por mais vaga que fosse, de literatura. A primeira referência eram os livros que havia em casa, herdados de meu pai, morto num acidente três anos antes no interior de Santa Catarina, onde então vivíamos. Os mais imponentes formavam dois metros de lombadas vermelhas, uma coleção jurídica sob o título de *Revista dos Tribunais*. Às vezes eu abria um ou outro, as páginas amareladas e manchadas, um cheiro de mofo e de coisa antiga, e lia trechos — principalmente parágrafos graficamente destacados chamados de "súmulas" — sem entender nada do que diziam, exceto fiapos de sentidos e palavras avulsas, mas de algum modo aquilo se vinculava na minha cabeça aos seriados policiais a que eu assistia na TV, o que despertava um interesse secreto. E que era interessante justamente por ser secreto, não partilhável.

O gosto físico pelos livros era também um amor pelas miniaturas, o que me ocorre agora; porque, ao mesmo tempo que costurava livrinhos em branco para preenchê-los praticamente ao acaso, desde que as formas gráficas lembrassem um livro, fazia também pequenas câmeras de TV com papelão, cola e caixas de fósforos, imitando as câmeras dos dois canais de televisão inaugurados na cidade em 1960. O advento da televisão exerceu um fascínio absoluto na minha pré-adolescência.

Se fosse possível extrair uma conclusão desses dois fatos da minha infância, além do sentimentalismo ingênuo e indulgente com que acabamos por revestir toda lembrança, uma conclusão objetiva que não fosse puro delírio ou expressão do desejo, eu diria que minha atividade artística, isto é, aquilo que criamos num impulso não solicitado pelos outros, para neles nos reconhecer, nasceu como simulacro da realidade. Imitar a realidade, colocando-a na minha escala. Uma espécie possível de "controle da realidade". Nada mais, nada além de um brinquedo, com a diferença de que agora o brinquedo era feito por mim, e envolvia a linguagem, a criação de palavras, frases e sentidos. Minha arte, se posso dizer assim, nasceu como construção de objetos que imitavam diretamente o mundo real, que, nesse simulacro, podia ser controlado. Não quaisquer objetos, mas objetos que, por alguma razão hoje irrecuperável pela memória, se revestiam de prestígio: livros e câmeras de TV. Não era a imaginação que me movia, mas a hipnose concreta por objetos reais. Coisas que, ainda antes de serem meios de outras coisas, essas verdadeiramente importantes, já eram em si mesmas objetos de atração que mereciam ser copiados por seu valor próprio. Um livro, a sua costura, a textura e a cor da capa, as folhas numeradas, a sua imagem tranquila na estante; uma câmera de TV, o tripé móvel, o aparelho inteiro leve girando sobre rodinhas daqui para ali, ao comando de alguém, transferindo a realidade viva e reduzindo-a, longe, a uma milagrosa telinha em preto e branco. (Ainda sem fixá-la — naqueles anos não havia videoteipe.)

 Daí a dizer que nesse impulso de reprodução da realidade está a gênese do que se convencionou chamar realismo é um salto delirante, mas com certeza dirá muito de mim mesmo e do que de fato me atrai até hoje: as formas da realidade e os modos de percebê-la pelos caminhos exigentes da prosa. Ou, indo um pouco além do objeto: o que num segundo momento me passou a interessar foi a investigação ficcional sobre os modos de percepção da realidade. Ou ainda, pela via da maturidade súbita (não acredito em evolução linear, enquadrada passo a passo, para quem escreve; a evolução, ou involução, do escritor se faz sempre aos saltos), invertendo a equação: a prosa como constituição de um ponto de vista único sobre o mundo, destinado a compreendê-lo, mas sabendo de antemão de seu fracasso — o que se quer, de fato, é partilhar uma experiência, refratada em palavras, que diga aos outros onde estou.

Mas o ensaio, como gênero, não seria exatamente isso? Sim, mas no ensaio a voz que pensa e a voz que escreve são as mesmas, têm de ser as mesmas, ou, pelo menos, vítimas permanentes da fissão entre a palavra e a realidade, *querem teimosamente ser as mesmas em cada vírgula,* ou caímos num relativismo vertiginoso em que ninguém está em lugar algum, o sujeito desaparece (ou desonestamente se esconde) e a linguagem fala sozinha. (Sempre temi esse descontrole.) Na ficção, mantêm-se um eixo de valor que dá sentido global ao texto, e que permite a constituição deste ponto de vista único sobre o mundo que é a literatura, mas a voz que pensa (ou as vozes que pensam) nunca é a mesma que escreve. A consciência dos *outros* é um pressuposto absoluto do espírito da prosa, não apenas referencial, mas organicamente linguístico. A fissão não é mais apenas entre a realidade e as palavras (uma separação de qualquer modo invencível), mas entre sujeitos. O escritor tem de saber que a voz que ele escreve em cada instante do texto *não pode ser completamente a dele*. Se essa separação se apaga, morre o prosador. Na hipótese melhor, nascerá o poeta; na hipótese comum, simplesmente retiramo-nos do mundo estético e nos fundimos com a vida, como na cena de um filme fantástico em que alguém, diáfano, atravessa uma parede dando um passo tranquilo e silencioso para se fundir consigo mesmo.

8

Isso me leva a outro ponto. Literatura não se reduz à confissão (o que poderia se depreender da ideia de mera experiência, falar diretamente da minha realidade íntima, como se não houvesse um entulho inacreditável de intermediários agressivos entre os meus olhos e o que está diante de mim) e nem à ciência (um discurso permanente e reiterável de pressuposição de verdade que defina regras e leis regulares sobre tudo que existe e acontece), embora uma coisa e outra estejam quase sempre presentes em praticamente tudo que se escreva — o impulso de falar de si mesmo e o impulso de dizer a verdade.

Literatura é um fato da cultura humana, um objeto contingente, ao sabor da história e dos valores de seu tempo. A literatura se define nesses termos passageiros, voláteis, a um tempo cumulativos e transformadores. É difícil alguém sustentar o contrário — a ideia de uma metafísica literária, além do tempo e da história — senão como liberdade poética, metáfora, ou fazendo do próprio olhar do observador uma, agora sim, criação literária.

(Parêntese: na primeira metade do século XX se tentou sustentar cientificamente a ideia de uma metafísica literária, derivada em grande parte do método estrutural fundado pela linguística moderna. Conquistas metodológicas à parte, pelo tirocínio com que os primeiros formalistas mergulharam no

39

material do texto literário, o fato intransponível é que a presunção de que o conceito de sistema linguístico, ou da ciência das línguas, poderia ser impunemente transplantado para um suposto sistema literário fracassou por completo. O sistema linguístico é, fundamentalmente, um construto da ciência natural; a literatura é um reino da cultura, pagando por isso um preço que a natureza desconhece.)

Mas nossa liberdade poética gosta da ideia de uma literatura imemorial, o substituto de Deus ou a transcendência possível num mundo político de substância laica. Mais ou menos como um conto escrito por Borges ou seus epígonos que pretendesse definir literatura. Ele pode simular uma ciência definidora do objeto literário, mas em poucos parágrafos, em nome das próprias convenções literárias, o leitor educado saberá que está no coração de uma criação literária e não de uma historiografia científica. E a experiência — bem, a experiência é irremediavelmente, tragicamente intransferível, a menos que se metamorfoseie em outra coisa, destacando-se para sempre do evento da vida e daquele que a viveu. Estamos condenados à nossa experiência, que não se redime. Podemos no máximo evocá-la, mas todo desejo de reprodução, esse impulso infantil, estará condenado ao fracasso. A evocação tem de criar o seu próprio sentido, que é um novo acontecimento — é o instante presente redivivo, um evento inédito que nasce sobre as ruínas do passado. Às vezes nos esquecemos deste dado simples: *o ato de escrever é um evento, não uma reprodução.*

9

Em defesa de uma suposta essência literária, fazendo o papel de um advogado do diabo, podemos dizer que o conceito de narrativa, para dar um exemplo básico, é um traço indissolúvel da condição humana — não há homem sem linguagem, e não há linguagem sem narrativa. Falar é narrar. É um argumento respeitável. Mas daí a dar um mergulho argumentativo e afirmar que, portanto, não há homem sem literatura, vai um caminho comprido pelo qual será mais prudente eu não enveredar porque não saberia encontrar a porta de saída. Repetindo: a literatura sempre se definiu como tal a partir de objetos históricos delimitáveis e convencionais, nos termos de uma cultura que lhe dá sentido. E, detalhe importante, que lhe recorta a atividade, subtraindo-a do gesto cotidiano — nenhum objeto estético se confunde com o ato da vida em si, embora, é claro, faça parte dela. Penso que esse é um bom ponto de partida. Até para lembrar essa sombra difusa chamada "estética", ou o sentimento de beleza que parece animar toda ideia artística, e que de certa forma separa, por mais tênue que seja a linha, separa a vida cotidiana do gesto estético.

10

Entre o público que, há 2, 3, 4 mil anos, ouvia reverentemente o bardo da tribo cantando as glórias do povo, hoje objeto impiedoso da paródia de Astérix, e o leitor moderno que ontem mesmo entrou numa livraria e saiu de lá com um romance de Dan Brown debaixo do braço, a ideia de literatura foi se moldando retrospectivamente em função da história, das condições sociais, da figura do escritor e do leitor, do papel da palavra escrita, das relações com o poder e assim por diante. A ideia que temos hoje de literatura, incluindo na definição as produções ficcionais poéticas ou prosaicas (e dizer mais que isso é também entrar num labirinto sem saída), foi uma construção relativamente recente da História. A simples figura do leitor moderno diante de uma estante de uma livraria, numa prateleira intitulada "literatura nacional e estrangeira", prestes a fazer sua escolha, com uma nota de cinquenta reais no bolso, é uma extensa e complexa obra coletiva que envolveu, ao longo de séculos, muito mais do que um artista solitário, um herdeiro de Gutemberg e um comerciante de livros.

A própria estratificação da arte literária em seus gêneros específicos, uma preocupação classificatória permanente desde que a palavra escrita ganhou o *status* social que mantém até hoje, foi perdendo o seu caráter sagrado que parecia definir as formas da linguagem por uma determinação quase divina, o lugar do trágico, do cômico, do épico e do lírico como pilares constitutivos e eternos da condição humana, para uma classificação apenas laica de formas da linguagem que dá espaço tanto para a reedição bilíngue da *Ilíada* quanto para o último romance policial. Transformado em produto, em simples mercadoria, o livro já há dois ou três séculos foi perdendo sua aura sagrada, agora consumida na multidão triunfante, ou, se quisermos, no coração da sociedade dos indivíduos que define a cultura e a política ocidentais.

11

O sistema de valores que estabelece a hierarquia literária já não consegue mais ser garantido por nenhuma procuração divina. Indiferente à crítica que não lhe dá trégua, ou que mesmo já desistiu dele, Paulo Coelho vendeu milhões de exemplares pelo mundo afora. Do mesmo modo, poetas sutis e profundos, objetos do mais fino bisturi acadêmico, só sobrevivem subsidiados pelo serviço público, fechados em salas de aula ou em severas dissertações universitárias. Um grande número de *lobbies* literários, digamos assim, estabelece, reforça, defende e luta por uma hierarquia poética e por um sistema de valores estéticos que não sejam simples função comercial, gosto popular ou modismo passageiro — esses *lobbies* (e não vai nenhum tom pejorativo na palavra, entendida no seu sentido básico de grupos de defesa de interesses estéticos, legitimamente discutidos e assimilados) garantem espaço a gêneros e obras em cadernos literários, cursos de pós-graduação, listas de obras para o vestibular, concursos de literatura, numa disputa que tenta não perder de vista o que poderíamos chamar de "especificidade literária". Isto é, segundo essa perspectiva literária clássica, o valor estético não é um dado autoevidente; é uma dura construção da cultura ao longo do tempo histórico.

A questão é que, todos sabemos, o chamado valor estético é um peixe ensaboado. Como se não bastassem as dificuldades históricas de sempre, dentro do mesmo campo cultural

— digamos, numa simplificação bruta, a elite letrada ocidental que, por meio de seus aparatos de poder ideológico, cultura e ensino, sempre se bateu para fixar referências, numa guerra política que não teve início e não terá fim —, agora temos também o advento de uma nova onda crítica radical, de perfil niilista, que contesta até mesmo a legitimidade do metro de referência. Nessa outra medida crítica, a própria escala que define o conceito de literatura a partir da poderosa tradição ocidental já não teria mais os clássicos 100 centímetros. Afinal, para usar uma metáfora, o que é o conceito de "metro" senão uma medida arbitrária imposta? Para boa parte dos estudos culturais atuais, empenhados em esvaziar até a última gota o sangue azul que as chamadas artes literárias ainda manteriam atavicamente em sua autoimagem, a hierarquia valorativa da literatura já seria, por si mesma, uma violência, e a referência do Ocidente como padrão universal da literatura apenas a dominação do velho imperialismo em sua forma mais insidiosa.

Essa é uma discussão premente. Muito da importância que essa questão relativamente antiga assumiu agora vem do impacto avassalador da Internet na vida cultural de milhões e milhões de pessoas nas últimas duas décadas — a descentralização (de fato, uma implosão) das fontes de referência, a criação de massas imensas de neoletrados que chegam à leitura e à escrita sem anteparo de alguma memória histórica, acrescida da incapacidade estrutural dos Estados (principalmente os do Terceiro Mundo, como o Brasil) de acompanhar a velocidade da informática em qualquer área do conhecimento, disseminaram a autoridade e outorgaram a chancela do prestígio quase que rigorosamente a cada cidadão. Antes mesmo de achar que se trata de uma tragédia cultural e que o mundo está perdido, no automatismo do lugar-comum, é preciso entender o que está acontecendo.

Sinto uma grande dificuldade para aceitar o alegre alargamento da relativização cultural que hoje, nas faixas estreitas que ainda mantêm contato com a memória letrada histórica, parece ser uma pedra de toque para tudo que diga respeito a valor, como se carregássemos uma culpa imemorial que deve ser purgada. E, em nome dela, abdicássemos, por um ato de fé (porque é só nele que o relativismo cultural parece sustentar-se em última instância), abdicássemos da responsabilidade de nossas escolhas (porque todas elas são, tecnicamente, "justas"). Talvez isso me defina como um conservador, o que não temo. De qualquer forma, está em curso uma guerra de padrões de prestígio; o que, se não é nenhuma novidade na história da palavra escrita, hoje ganha variáveis que vão muito além dos bolsões letrados.

Talvez esteja ocorrendo uma passagem pouco pensada entre uma categoria de natureza essencialmente política — a universalidade da condição humana (aliás, ela também não autoevidente, mas, do ponto de vista cultural, um produto conturbado da história humana, ainda restrito ao mundo da utopia, pelo menos nos seus efeitos práticos) — para uma categoria estético-cultural que exige justamente a afirmação do indivíduo e a responsabilidade de sua escolha. Ou, por outra, o cruzamento de uma condição política (todos somos iguais perante a lei) com uma condição cultural (levando à conclusão inaceitável de que tudo que produzimos tem o mesmo valor estético).

Essa moldura foi o modo que encontrei para começar a falar do que realmente quero pensar aqui, a natureza da criação literária, o que está em jogo quando escrevemos. É bom repetir: a natureza da criação literária *para nós*, porque não creio que a criação literária tenha uma natureza autônoma que nos permitisse colocá-la na gaveta dos fatos biológicos. Assim, prossigo assumindo o risco de falar mais ou menos de mim mesmo, ou de onde pude depreender, através da minha experiência, específica de parte de uma geração, uma história, um tempo, que diabos afinal significa escrever. Fica acertado que escrever, aqui, significa "produzir literatura de ficção", fazer "arte literária", ser autor de contos, romances, novelas, poemas. Imagino que nesses termos, ainda que com sabor pouco científico, o campo ficará mais ou menos delimitado.

12

Volto ao momento de decisão: o que nos leva a escrever?
Ainda há pouco fiz referência a um misto de infelicidade e esperança. Quando adultos me perguntam o que eu sugiro para que seus filhos se tornem escritores, respondo com uma brincadeira mais ou menos séria.

Experimentem trancar o filho num quarto escuro, amarrando sua perna numa estaca irremovível; cortem sua comida pela metade ou, ao contrário, abarrotem-no de calorias, para em seguida reclamar que estão gordos; esqueçam-no durante anos a fio, mas relembrem sempre, acusadores, que são seus pais; criem problemas densos, de existência, dos irreparáveis; desqualifiquem o candidato a escritor até onde sua imaginação permitir; rasguem suas primeiras produções, num gesto agressivo de humilhação, ou então determinem que ele é um gênio pronto e acabado e cortem relações com quem não concordar; insuflem-lhe um pesado sentimento de culpa; se for um sentimento de fundo religioso, melhor ainda. Ou ponham na cabeça dele uma culpa social que remonte às cavernas, e que ele agora terá de pagar até o último centavo. Enfim, a lista do que podemos fazer para infernizar a vida de alguém é infinita (ainda mais se são parentes próximos, sempre à mão, com o poder maquiavelicamente manipulador da relação afetiva a pesar no contato), enquanto nossas eventuais bondades parecem que surgem sempre com o ar sorridente da falsidade bem-intencionada (o que também pode ser uma boa vitamina artística, rodear alguém de tudo que é falso, a gosma da aparência, deixando somente aqui e ali entrever fiapos do que realmente importa).

Antes que me julguem um monstro: essa sequência medonha de imagens é só uma metáfora. Mas, como toda metáfora, tem o seu fundo de verdade, a referência inicial que se exagera para fins didáticos ou estéticos.

Certamente, submetido a esse festival de problemas, dificuldades, desajustes, sentimentos contraditórios de inadequação, ódios suprimidos pela culpa ou bondades insidiosas e interesseiras, desejos proibidos e náuseas insuportáveis, nosso herói, se contar com a dádiva da linguagem e alguns momentos de sorte, terá todas as condições de se tornar um escritor. É bem provável, aliás, que, se o serviço for bem-feito, ele se torne um grande escritor, dos maiores. Pelo menos, tirado algum exagero retórico ou apenas anedótico deste escriba (quase todos os escritores vivem sob a compulsão da mentira, que muitas vezes só podem controlar esteticamente, construindo simulacros da realidade), esta tem sido uma constante na biografia dos escritores mais marcantes dos séculos XIX e XX, que acabaram por formar a imagem cultural mais imediata do que significa "escrever" para o leitor contemporâneo.

13

Há um momento em que, de fato, como queria Roland Barthes, para quem escreve, escrever se torna um verbo intransitivo, ou pelo menos bastante próximo disso. Mas há um longo caminho até esse ponto de não retorno. Vou tentar retornar ao ponto de origem. Ainda há pouco falei do papel da criação de pequenos livros como o início da minha paixão pela literatura (ainda sem saber o que era literatura), ao lado da criação de miniaturas de câmeras de televisão.

É óbvio que, por si sós, esses dois detalhes não fariam de ninguém um escritor. Haverá obrigatoriamente muito mais coisas em jogo. É preciso acrescentar um quarto escuro, por exemplo, para metaforicamente designar a *falha* de origem. Podemos buscá-lo na psicologia, ou ainda mais especificamente na psicanálise, e na sociologia (um termo que aqui, sem pretensões a rigor científico, englobaria desde as condições econômicas do candidato a escritor até as circunstâncias históricas de seu aparecimento). Olhando de onde estou, cinquenta anos depois, quase posso imaginar um nítido quadro mental que me formou, criou limites e ambições, um sistema mais ou menos preciso de valores, desenhou um horizonte de possibilidades e explicou um passado próximo. Em tudo, o peso poderoso da família, talvez em grande parte determinante, mas não invencível. Aliás, foi contra ela que eu me movi em primeiro lugar. A decisão de escrever se consolidou ao mesmo tempo que percebi que eu *tinha de sair de lá*. Era quase que uma condição *sine qua non*. O gesto de escrever me arrancava de casa, como dois movimentos indissolúveis.

14

Continuo tentando cercar o escritor arisco que tenho diante de mim. Já sei do impulso da imitação da realidade, o desejo de criar simulacros, não exatamente mentais, mas físicos mesmo: pôr a mão na massa, para dizer as coisas com simplicidade. Mas a biografia também é determinante, vivemos a vida sob a angústia biográfica, o limite insuportável de nossa liberdade, e aí encontro um primeiro tropeço metafísico, no meu caso de motivação bastante concreta: a morte do pai, pouco antes dos meus 7 anos. De tudo que me contaram, das mil vezes em que eu ouvi a história (eu não estava lá), compus a seguinte imagem, que sempre me vem à cabeça como a breve cena de um velho e riscado filme em preto e branco, as imagens fugidias, as manchas de fungo — posso até ouvir o clássico barulhinho do velho projetor girando a bobina na sala escura: meu pai tomou um cafezinho na praça central da pequena cidade, montou na lambreta que ele havia comprado havia poucos meses (em que ele aprendeu a se equilibrar apenas aos 40 anos, e houve acidentes intermediários — lembro nitidamente, agora como uma fotografia colorida, de ele chegar em casa à noite e abrir a porta da cozinha com o rosto ferido — esparadrapo, manchas vermelhas de sangue e mercurocromo —, depois de uma queda sem importância; e lembro de uma observação irônica da minha mãe, pondo uma panela na mesa, sobre os talentos do novo piloto), avançou lento para dobrar uma esquina, talvez olhando para a própria mão que acelerava cautelosa; e encontrou uma Kombi também lenta; voou e caiu de cabeça na quina da calçada. O atestado de óbito dá como causa de morte, literalmente, "fratura cominitiva da abóbada craneana irradiada à base".

Nunca fiz análise na vida, respondendo antecipadamente a uma pergunta que ouço com frequência. Digo brincando, como defesa técnica, que se fizesse análise correria o risco de ser curado e, então, adeus, escritor. É engraçado: sem problemas para resolver, para que serve a literatura? É preciso, talvez, acrescentar: sem problemas *pessoais* para enfrentar, para que serve a literatura? É uma mudança drástica de perspectiva: dos problemas do mundo aos problemas pessoais.

No ambiente que me formou como escritor, a pré-adolescência e a adolescência vividas nos anos 1960 (nasci em 1952), senti difusamente essas duas perspectivas, mais ou menos em choque: o mundo pessoal aflorando e querendo se afirmar, ou simplesmente tentando se reconhecer em algum espelho, ou ainda, menos altruisticamente, apenas desejando se ver melhorado pelo poder cosmético das palavras, que nascem ornamentais, a palavra como fuga e ocultação, *vejam que bonito sou*; e a urgência do mundo concreto (político, social, ideológico), exigindo um escritor que, também se ocultando em suas palavras, fale da sociedade para transformá-la: o texto como marreta. A polarização política do século XX, mesmo (ou talvez especialmente) no caso periférico brasileiro após a Segunda Grande Guerra, era uma panela de pressão da qual quase ninguém escapava. A grande literatura acaba sempre se criando mais ou menos indiferente a esses manuais de instruções coletivos ou individuais, mas o chão e o fermento em que ela se cria é concreto, real, bastante delimitável; é uma atmosfera que todos respiram, os com e os sem talento, os sérios e os diletantes, os grandes e os pequenos.

É essa atmosfera que estou tentando reviver aqui: o que me moveu.

15

A palavra ornamental, *vejam que bonito sou*, para mim, começou como teatro. Outra lembrança dos 10 ou 11 anos é um surrado exemplar da peça *As mãos de Eurídice*, um monólogo de Pedro Bloch. Hoje esquecida, essa peça dos anos 1950 foi um dos mais espetaculares sucessos mundiais. Consta que, no Reino Unido, foi produzida por ninguém menos que Sean Connery. No Brasil, foi encenada milhares de vezes pelo ator Rodolfo Mayer, que correu o país. Obviamente, não assisti, mas recordo ter ouvido em casa comentários incrivelmente elogiosos, ainda nos meus 6 ou 7 anos, em Lages. Se não estou enganado, Rodolfo Mayer se apresentou no Cine Marajoara, o que foi um acontecimento marcante na cidade pequena. E lembro que, mais tarde, já em Curitiba, decorei muitas cenas da peça — um dramalhão cujos desdobramentos e sutilezas de natureza moral, sexual ou mesmo jurídica (um homem que mata a amante, a quem tinha dado tudo e que depois o abandona) eram inalcançáveis a uma criança. Mas havia frases de efeito que me davam prazer repetir — e mais a foto de página inteira em preto e branco do ator, destacando-se brilhante em papel couché, ao lado da página de rosto do livro, de que me recordo nitidamente, as mãos crispadas, o terno surrado, o olhar de louco, a testa luminosa de suor. E tenho a lembrança nítida de pelo menos uma vez "representar" esses trechos numa garagem a um grupo de vizinhos, adultos e crianças, que aplaudiram vivamente minha *performance* de cinco ou dez minutos — a voz de pré-adolescente rachando-se em cada sentença parecia não diminuir a admiração; ou pelo menos dava-lhe o toque pitoresco.

Mas foi um momento avulso da infância — assim como o teatrinho de marionetes de papelão, com os personagens de Monteiro Lobato, que fiz logo depois de ter lido pela primeira vez um livro até o fim, *A chave do tamanho*. Na caixa de papelão armada sobre a mesa, eu representava histórias para mim mesmo, como qualquer criança. O teatro só voltaria a ser de fato significativo para mim alguns anos depois.

De qualquer modo, aquele episódio desimportante me lembra que o ato de escrever, ou de fazer arte, tem sempre uma dose necessária de vaidade às vezes francamente infantil; e dessa infância do gesto também há o invencível desejo de agradar, que é uma armadilha perigosa, especialmente para quem escreve (para o ator, esse desejo é elemento constitutivo de seu gesto em cena, ainda que também ele tenha de se destacar do instante presente e representar um *outro*). O que está em jogo é no que se centra e para onde se dirige o foco daquilo que se escreve. Não é bem um processo consciente (assim: vou escrever para atender precisamente a esta ou àquela expectativa de quem me lê — nenhum escritor sério consegue essa determinação objetiva, a não ser na produção de roteiros de novelas ou filmes, em que há muito mais pessoas, referências e valores em jogo do que a simples vontade individual de quem assina o texto); para o escritor solitário, o desejo de agradar é provavelmente mais uma intuição narrativa que se mistura em graus diferentes com uma intenção pessoal.

Há sempre um leitor em cada frase que se escreve, um leitor atento no momento mesmo em que se escreve; este leitor não é exatamente o escritor, embora os olhos sejam da mesma pessoa. Mas o leitor que fiscaliza no ato o que escrevemos, o leitor que julga e avalia o que a mão desenha no papel, somos nós mesmos e mais um pouco: uma espécie de consciência coletiva, um olhar de fora, uma espécie de "o que vão dizer ao lerem estas palavras", que se mistura a um "o que eu quero que eles digam ao lerem estas palavras". Sim, escrevemos para atender a uma expectativa, mas há um largo espectro moral entre a exigência de uma voz que se afirma solitária, e é exatamente a ela que eu quero e devo agradar (o texto como afirmação radical de um ponto de vista exclusivo), e a expectativa de um aplauso alheio, a quem minha mão também pode servir, às vezes apenas como uma pequena isca, às vezes como uma sereia irresistível a quem nos entregamos largados (sempre com um travo de má consciência — ou talvez essa má consciência seja uma síndrome apenas da minha geração, daquele momento dos anos 1960).

(Parêntese: é possível que, para os escritores com a dádiva da fé ou da crença religiosa, dom a que eu jamais tive acesso mesmo nas memórias da mais remota infância, o olhar sobre o ombro seja o de Deus; nesse caso, é com Ele que negociamos significados e valores, e isso seria verdadeiro mesmo no caso de grandes escritores. Penso agora especialmente em Graham Greene, um autor que sempre me agradou. Ou em Evelyn Waugh, um católico improvável que só vim a conhecer bem mais tarde.)

(Parêntese 2: para uma certa consciência literária e poética, todo texto que se escreve reverbera uma história completa da literatura; num teatro silencioso, desembarcam em cada palavra inspirada mitos e memórias coletivas, conduzindo imagens e determinando sentidos secretos; cabalas esquecidas reaparecem súbitas, surpreendentes e fugidias, aqui e ali, numa metáfora, num torneio sintático, numa lembrança inocente; o escritor seria uma espécie de anjo receptor, a alma de passagem — o Oculto pode ser uma forma do inconsciente coletivo, a força hegeliana da História agindo além da minha vontade ou, enfim, um transcendente mito literário imemorial (mas misteriosamente laico) em busca de uma expressão. A minha cabeça racionalizante, que às vezes imagino bastante obtusa, não consegue aceitar esses quadros iluminadores, menos por uma repulsa à impossibilidade de prova material ou comprovação empírica, e mais pelo que essas imagens redentoras esvaziam da minha responsabilidade pessoal. Sem ela, a literatura para mim não fará sentido.)

(Parêntese 3: apesar destas minhas negações, talvez mais práticas que racionais, de Deus e do mito que se faz presente no texto que se escreve, reconheço que a linguagem do escritor, à medida que amadurece — e sempre amadurece duramente, texto após texto, abrindo caminho no subterrâneo das facilidades da aparência —, ganha uma inexplicável autonomia, torna-se como que um duplo mental daquele que escreve, sabe mais, e mais prontamente, o que fazer nos becos sintáticos e semânticos em que a mão se mete ao correr no papel ou no teclado. Senti pela primeira vez esse duplo que toma a iniciativa ao escrever *O filho eterno* — ou, melhor dizendo, ao relê-lo mais tarde. Há no texto soluções de linguagem, imagens inesperadas, intuições discretas, pausas e transições controladas, aqui e ali o impacto de uma cena que, forçando um pouco a metáfora, eu não saberia dizer de onde vieram. São o meu "estilo", digamos assim, como um outro que assume o comando e me deixa na sombra. Daí por que não consigo me ver ali como o pai-personagem, que incorpora desde a primeira página uma completa autonomia ficcional. Exatamente o contrário do que ocorre neste momento.)

Volto ao leitor que lê o que escrevemos no momento em que escrevemos. Não gostaria de ser dogmático, intolerante ou simplista ao ponto de polarizar essas perspectivas distintas (o leitor sou eu mesmo, e é só a mim que quero agradar; ou o leitor é o senso comum, e é este senso que me interessa), como se uma opção eliminasse a outra (parece que toda a minha vida adulta de escritor vem sendo uma tentativa obsedante de me livrar da polarização chapada que marcou tão densamente a minha formação). É provável que todo escritor trabalhe em graus diferentes de entrega, atendendo a um e outro leitor, em ondas sutis, talvez mais pelo acaso da criação que por uma suposta consciência determinante ou uma escolha objetiva.

Enfim, pensar a literatura é pensar o seu leitor, ou mais propriamente os seus leitores — nós mesmos, e os que espiam pelo nosso ombro, em segredo, o que escrevemos. O desejo de agradar a esses olhos, ou apenas a sombra às vezes hostil desse desejo, também move (às vezes perigosamente) a nossa mão.

16

Isso me leva a outro tópico, anedótico mas não irrelevante: escrever à mão. Fui um datilógrafo precoce e autodidata. Lembro da máquina de escrever de meu pai, uma leve e elegante máquina portátil italiana, com uma tampa inteira em metal, e que deve ter custado uma fortuna nos duros padrões dos anos 1950. Em Curitiba, essa rica peça de herança ficava guardada sobre o guarda-roupa da minha mãe, como um objeto intocável. No início de 1966, provavelmente em fevereiro, resolvi aprender secretamente datilografia com um manual ensebado e sem capa, aproveitando-me das tardes livres em que não havia ninguém em casa — todos trabalhavam. Colocava papel-jornal na máquina e, disciplinado, martelava as lições sem olhar para o teclado: *asdfg asdfg asdfg*... Um desenho no livro relacionava os dedos às teclas correspondentes, recomendando ao estudante que jamais olhasse para as teclas. Se faltasse a necessária força de vontade, seria preciso cobri-las caprichosamente com papel e durex, sugeria o livro, artifício que não precisei usar. Lembro especialmente de uma das frases, que datilografei centenas de vezes, cada vez mais rapidamente: *Kant nasceu em Koenisberg. Kant nasceu em Koenisberg*. Lição do dia feita, devolvia a máquina ao guarda-roupa, até que, poucas semanas depois, me senti suficientemente seguro para uma espetacular exibição em família.

O desejo de agradar acertou em cheio. Tive o cuidado de colocar uma venda nos olhos, para impressionar mais, como se eu dissesse, de olhos fechados: "O que vocês querem que eu escreva?" Aquele exibicionismo foi um dos marcos do início da minha vida adulta, pelo menos do ponto de vista prático, perspectiva que dominava todos os gestos da minha mãe, o tempo todo, até o último de seus dias. Em uma semana, comprovado meu inesperado talento, minha mãe me levou pelo braço a um escritório de advocacia, para que eu substituísse o irmão mais velho, que arranjara um emprego melhor.

— Ele bate à máquina como gente grande — ela garantiu.

O homem olhou para mim — um menino magro, a cabeça grande e redonda, e um par de olhos assustados — como um empregador de Dickens avaliando uma criança para puxar carrinhos nas minas de carvão. Fui aceito, por meio turno e meio salário. Pela manhã, o colégio. À tarde, o trabalho. A imagem daquela sala sempre sombria, de cortinas pesadas, com a mesa imensa e curva e o advogado atrás dela, instalado numa poltrona que me pareceu impressionante, gravou-se na minha cabeça. Dezesseis anos depois, eu pensaria misteriosamente nela ao escrever a cena em que o pai de *Trapo* se justifica ao professor Manuel. E neste exato momento de evocação, a imagem permanece igualmente viva diante de mim. As paredes eram verdes.

Na saleta ao lado, que seria a minha, encontrei uma máquina de escrever gigante, com o carro avançando um palmo de cada lado além dos limites do teclado. Datilografar ali foi outro aprendizado, as teclas duras para os dedos de criança, e eu temia errar no preenchimento dos contratos, o que diminuía drasticamente minha velocidade. Mas entre as duas e as seis da tarde havia sempre um bom tempo de folga; era um escritório de fim de carreira, com pouco movimento, de modo que eu lia muito no emprego. Li praticamente as obras completas de Júlio Verne, numa vertente; em outra, obras políticas mais ou menos proibidas, como uma alentada biografia de Lênin, na verdade uma hagiografia publicada em espanhol pelo Editorial Vitória. Metade do meu salário ia para a casa; a outra metade eu torrava na livraria de um comunista histórico da cidade, que foi uma das minhas primeiras referências literárias e também políticas — naqueles anos (1966 e 1967), todas as pessoas interessantes e relevantes eram naturalmente "comunistas", um termo mais ou menos vago que, na minha cabeça, englobava qualquer um que pretendesse mudar o mundo para melhor mediante uma revolução libertadora, contra os "reacionários", estes formando uma horda cinza e indiferenciável de brucutus conservadores prontos a descer o porrete em defesa das injustiças.

Mas ainda não era um olhar político propriamente excludente ou chapado; na minha idade crua, era uma impressão positiva, a descoberta de uma nova tábua de valores (na verdade, uma nuvem ainda imprecisa) que parecia surgir para modificar o que parecia um velho e encarquilhado sistema — a ideia de "mudança" estava no ar em toda parte, dentro de casa e fora dela, na igreja e na rua, na escola e no bar, como se a inacreditável prosperidade gerada pela civilização ocidental nos anos que se seguiram à Segunda Guerra, mesmo na periferia do mundo rico, como no Brasil, houvesse criado ao mesmo tempo o seu veneno corrosivo, engordando-nos exclusivamente para a explosão. Toda leitura deixava essa aura milagrosa da "transformação"; a simples ideia de literatura que começava a se formar na minha cabeça incluía um excedente existencial que fatalmente mexeria com tudo que dissesse respeito à vida. (Quero voltar várias vezes a esse ponto, que considero crucial para entender aquele período.)

Em pouco tempo, passei a ler de tudo. Daquele ano, guardo até hoje um exemplar de *Recordação da casa dos mortos*, de Dostoiévski, e uma coleção de antologias de contos de autores clássicos, como Tchékhov e Machado de Assis. Também no escritório, sempre autodidata, fazia um reforço do francês em um livro escolar mais avançado que o do colégio, que trazia informações sobre literatura francesa — eu alimentava a obsessão de dominar bem, falando e escrevendo, uma língua estrangeira (o espanhol não me interessava, além da leitura fácil que eu dominei disciplinado, dicionário ao lado, a partir da vida triunfal de Lênin), o que jamais consegui, vítima de uma bloqueante e insuperável incompetência, um ouvido teimosamente mouco aos sons estranhos, mas continuei tentando com insistência até poucos anos atrás, do francês ao inglês, e dali ao italiano, em qualquer caso jamais saindo do nível de apenas um incompleto leitor, com que hoje finalmente já me conformei, até porque um tímido início de surdez real, como quem não quer nada, já começa a erguer sua cerca isolante em torno de mim.

Olhando daqui, percebo que, de fato, eu já era um escritor. Isto é, eu já havia tomado uma decisão de ser escritor; ou, dizendo de outra forma, sem saber eu já organizava cada passo da minha vida em torno da ideia de *ser um escritor*. E o que eu havia escrito? Nada. Alguns poemas ridículos ("Observe as nuvens como são belas,/ Brancas simples e singelas" — de vergonha, reproduzo aqui apenas os dois melhores versos que encontrei na velha caixa) e uma história policial ("Ele caiu rubramente morto na calçada", dizia a primeira frase, que à época me pareceu particularmente boa, num dos meus primeiros momentos de, quem sabe, consciência do estranhamento estético), dessa vez uma história datilografada e grampeada, tamanho meio ofício, praticamente da altura de um livro, com uma capa desenhada a caneta. Além do título do romance (não lembro, mas era algo como "Crime na noite"), do nome do autor ("Cristóvão Cesar Tezza", com acento, contrariando a certidão de nascimento), coloquei também o nome de um colega como autor da capa gráfica que eu mesmo havia feito, círculos, quadrados e triângulos ("Capa de..."), depois de pedir autorização a ele, explicando que o nome diferente daria um colorido ao livro. E, é claro, não ficaria bem o meu nome aparecer duas vezes na capa.

No colégio, cheguei a vender a alguns colegas essas historinhas datilografadas e grampeadas. E lembro que, pelo menos uma vez, vendi um conto de amor, escrito sob encomenda para um colega que queria presentear a namorada. Nenhuma ilusão: antes que se pense que havia aqui um sinal pitoresco de precocidade literária, tudo aquilo que eu escrevia era exasperantemente ruim. Eu continuava imitando não propriamente *formas* (o que não seria tão mau, como exercício de iniciação), mas *objetos*. Entrando na vida adulta pela via do trabalho, continuava ainda inteiramente preso à minha infância, movendo-me no imaginário da criança. Sim, talvez aqui "escrever" fosse de fato um verbo intransitivo, como queria Roland Barthes. Esvaziado de sua produção de sentido, o gesto de escrever seria a produção de um artefato — um realismo sem alma, quem sabe. Uma apreensão de modelos. O desejo de agradar ainda era muito forte.

Pouco tempo depois de completar dois anos de trabalho formal, pedi demissão, desafiador, sem consultar a família.

Em breve eu teria 16 anos e o mundo já me parecia grande demais para eu ficar preso naquele escritório. Havia conhecido um guru, exótico e original desde o nome, W. Rio Apa, que era também um escritor de verdade, com livros publicados nacionalmente, o que me impressionou — era o primeiro escritor real que eu via de perto, e que iria exercer uma influência marcante na minha vida nos dez anos seguintes. Com ele, entrei em contato com um projeto comunitário de teatro (fiz minha primeira leitura pública de uma peça, nervoso, acompanhando as deixas e esperando ansioso minhas falas), e com a ideia de um "escritor-personagem", alguém que tenta fazer da própria biografia uma obra de arte; ser artista (o que era mais amplo do que simplesmente ser escritor) significava levar para a própria vida os projetos de criação. Um sopro ainda secreto de orientalismo ("tudo está em tudo") começava a crescer no horizonte. Cada vez mais, minhas decisões não pareciam ter volta. Olhando daqui, esse imaginário completo de um narcisismo engajado, de um individualismo militante, era inteiro típico daquele tempo, cada traço, roupa, cabelo, sandália, caricatura, todos habitantes indóceis de uma tribo nascente e ainda obscura — era antes uma atmosfera que um objetivo claro o que me levava adiante, mas eu não sabia, momentaneamente feliz com a minha coragem, sentindo o prazer do rompimento.

(Parêntese: olhando retrospectivamente, percebe-se que gerações de nazistas, comunistas, camisas-pretas, *skinheads*, marginais de periferia e torcidas organizadas vivem e viveram exatamente a mesma atmosfera febril — não há novidade aqui: temos a alma na mão, pura e inocente, com sua penugem recém-nascida, invadida por uma lufada violenta de sentimentos profundamente verdadeiros e punhos erguidos que nos arrastam em coro, esvaziam-nos a vontade, e que haverão de nos dar, é sempre o grande sonho, segurança eterna.)

Acho que foi exatamente naquela fase que eu absorvi por inteiro um fantasma poderoso que me acompanha até hoje, e do qual às vezes tento me livrar (dos pedaços que restaram dele) por considerá-lo apenas deseducado ou desajustado no mau sentido. Como definir esse fantasma? Começo pela aproximação romântica: a *autenticidade*. A ideia de que eu tinha de ser "autêntico" encontrou em mim um receptor fanático (e não estou exagerando quando uso o adjetivo). Esse impulso, talvez natural em todo adolescente, encontrava na literatura, na atmosfera de contestação e nos projetos existenciais alternativos (é preciso mudar tudo, da lógica da família ao que se põe no prato que se come) um apoio salvador. Uma ideia que nos deixa em pé, ainda que precariamente, assim que somos soltos no mundo.

(Parêntese: a ideia de transgressão era inseparável desse impulso, uma transgressão entendida menos intelectualmente e mais existencialmente — e a ideia de transgressão violenta, a sua intrínseca legitimidade, também fazia parte do jogo imaginário; e é preciso lembrar como a instauração da ditadura militar no Brasil deu um aval suplementar a essa legitimidade construída da violência, que, mesmo sem ditadura, já teria deixado sua sombra pela asfixia familiar tradicional diante das violentas transformações do mundo inteiro. Relembrando hoje, sinto um calafrio conservador diante da falta de autocensura com que eu, durante um bom período da adolescência, aqueles dois ou três anos medulares que deixam marcas, aceitava a ideia da transgressão violenta como meio legítimo de afirmar minhas verdades. Diante do espírito que soprava naquele tempo, todos os movimentos transformadores dos jovens de hoje, quando existem, lembram mauricinhos escoteiros, todos ridículos, recitando contra o cigarro, contra os males do saco plástico de supermercado, contra o *download* caseiro de músicas e filmes e em defesa apaixonada dos animais domésticos. Talvez a ausência mais terrível da minha geração tenha sido decorrente da morte da política como atividade pública cotidiana, e o apagamento da ideia da diferença política como essencial à vida em comum, um conceito jamais assimilado plenamente pela cultura brasileira; tudo — dos *hippies* orientalistas aos gorilas militares — parecia convergir para o conceito de um mundo único que suprime todos os demais. Parece que a única ideia de transgressão que restou, vicejou e que deitou raízes profundas foi a transgressão moral — todos os dias vejo na televisão cidadãos da minha idade, que certamente viveram a mesma atmosfera do meu tempo e partilharam quem sabe os mesmos sonhos transformadores, hoje entranhados na máquina de Brasília e afundados até o pescoço na clássica corrupção nacional.)

O sonho de autenticidade: é preciso desmontar o seu verniz romântico: jogamo-nos de corpo inteiro na presunção da autenticidade no momento em que não temos nenhuma outra coisa como referência. O "autêntico" não é, nessa origem, uma cápsula moral que proteja algum núcleo anterior que deva ser preservado. Ele é um projeto que cria a si próprio, e passa a definir, nas lapadas e golpes do momento, o que somos. A face imediata dessa autenticidade construída é o que poderia ser chamado de "horror à concessão". Não há acerto possível com este mundo, digamos assim. Não fazer concessão: eis um dos primeiros dogmas da minha vida, que era também um escudo caturro contra a minha própria transformação. O escritor petrificado. O medo, entretanto, não é um movimento propriamente intelectual — o medo é uma respiração contida no fundo escuro da toca. E o isolamento protege, como a uma colônia Amish nos rincões de uma terra distante, sem luz elétrica nem diferentes ameaçadores.

A ideia de não fazer concessão entranhou-se em mim desde cedo na forma de um imperativo moral, e não de um norte político ou um ideário pragmático. "Eu não posso ser confundido com nada do que está aí", parecia ser o meu lema orgulhoso. Em boa medida, é uma pauta apenas adolescente, mas no meu caso ela foi se mantendo pesadamente no tempo a ponto de se transformar apenas numa ocultação caipira de mim mesmo, mais o velho medo da transformação: é melhor eu ficar onde estou, porque aqui sou "autêntico". Não era também um projeto intelectual, embora este fosse o seu álibi — era uma atitude existencial, uma atitude que abrangia igualmente o meu quadro de valores, o bem e o mal, eu e eles, e todo um quadro de comportamento, dos cabelos compridos à roupa que eu usava. A condenação do mundo funcionava sempre mais no eixo moral do que no intelectual. O horror ao terno e à gravata, por exemplo, criou desde cedo em mim uma má vontade com os intelectuais de universidade; lembro de uma conversa com um amigo, madrugada adentro, cigarro e cerveja sem fim, em que declarávamos solenemente que pessoas como nós jamais pisariam o chão da universidade. Em outro momento, uma conversa entre os atores da comunidade de que eu participava discutia se alguém de nós teria coragem de cortar os cabelos para representar um personagem burguês, e ninguém parecia disposto a isso — não se podia fazer concessão nem para a arte. (Para que alguém que chegou há pouco sentir o clima e não pensar que se tratava de pura e simples insanidade, para não dizer o pior, naqueles anos havia técnicos de futebol que proibiam cabelos compridos em jogadores.) O teatro que se adaptasse a nós, e não o contrário. Com o mesmo espírito, a publicidade e o trabalho com a publicidade eram os demônios do tempo. Um escritor que entregasse o seu talento à publicidade estaria morto. Nenhuma concessão também seria possível no terreno publicitário. Não poderia haver nenhuma obra desvinculada do *modus vivendi* de quem a produz, um modo que passa a ser ele mesmo um índice intrínseco de valor.

(Parêntese: para ilustrar o quadro acima, é engraçado como alimentei um prolongado preconceito contra o movimento concreto a partir de uma única fotografia em preto e branco, em que os irmãos Campos e Décio Pignatari olhavam duros para a câmera, os três vestidos de terno e gravata, como burgueses sem humor, severos na sua determinação de objetividade artística e perfeitamente integrados ao sistema da máquina do mundo. Sem repertório intelectual, perdido entre fragmentos literários e filosóficos mais ou menos de almanaque, adolescente inseguro nas beiradas da província, aquela fotografia parecia indicar, pelo meu simples faro, tudo aquilo que não me interessava em arte. Somente mais de duas décadas depois, ao me enfronhar academicamente no mundo do formalismo russo, via discurso da ciência, o concretismo brasileiro ganharia para mim a sua referência intelectual.)

Essa gaiola fechada de intransigências miúdas e obsessivas, de um doloroso sentimento de inadequação, tocando as vísceras, chegou de fato à recusa de entrar para a universidade e a assimilar, já em pânico de sobrevivência, um projeto ridículo de me fazer relojoeiro quando a profissão em si já começava a desaparecer pelo avanço esmagador da tecnologia digital. Uma tecnologia, aliás, que os milicos, ardentes defensores do capitalismo de Estado, deixavam entrar no país só pelas frestas, sustentando a trágica "reserva de mercado". Os relógios começavam a se tornar descartáveis, e, a menos que eu me tornasse de fato comerciante, morreria de fome naquele sonho de artesão independente. O mundo arcaico da estagnada economia de subsistência — e todo o quadro cultural, social e moral que lhe dá sentido — começava enfim a implodir na violenta urbanização brasileira que se seguiu da década de 1970 em diante.

O irracionalismo que vejo em mim mesmo naquele tempo não tão curto, dos 16 aos 25 anos, e ainda prosseguindo por uma década adiante com seu rastro teimoso a deixar pegadas por onde eu andasse, hoje me provoca uma risada saborosa: visto daqui (mas talvez só daqui), aquele estado de espírito era de fato engraçado. De qualquer forma, relembro dois aspectos que hoje valorizo, por contrabalançarem o que aquele tempo teria de negativo para a minha vida, se é que cálculos assim fazem sentido (não fazem, porque o poeta está certo: o tempo é irredimível; podemos apenas, pela memória, criar um novo evento, como este livro).

O primeiro aspecto é uma ausência quase inverossímil de cinismo: pelo menos nos primeiros anos, os da passagem real para a vida adulta, eu *acreditava*. Talvez mais profundamente, ou mais obtusamente, do que os que me rodeavam. Às vezes defendo meu amor-próprio com a ideia sempre tranquilizadora da ingenuidade. Mas nunca sabemos exatamente o momento-chave em que perdemos essa defesa natural, e assumimos, adultos, a iniciativa. (Só muito mais tarde, parece, eu começaria a mentir, ou, dizendo de uma forma mais suave, a negociar estrategicamente com o sentido duplo das coisas e das pessoas.)

Gosto de retomar esse ponto, para tentar entender o que se passava comigo. Esse laço emocional entre a ideia e o impulso do gesto foi uma das marcas mais densas daquele tempo. E sinalizou para mim, desde a origem, uma imagem de literatura, antes mesmo que eu escrevesse algo que ficasse em pé. Primeiro, a criação de objetos; mais tarde, uma nuvem de ideias — o fabro ainda estava apenas consertando relógios, não compondo boas frases. Como se o projeto formal, se eu porventura tivesse armas para pensar nele, representasse em si mesmo uma traição aos meus talentos. Cheguei ao texto por esta porta dos fundos, a da visão de mundo, que deveria ser inextricavelmente a expressão da minha vida.

(Parêntese: ocorre-me agora que a determinação existencial que marcou os anos 1960 e 1970 — ela era parte de uma atmosfera comum — provocou uma ruptura profunda na produção literária brasileira de que não nos recuperamos completamente até a entrada do século XXI, se é que de fato nos recuperamos. A geração que nos deu, na prosa, Graciliano Ramos, Guimarães Rosa, Erico Verissimo, Jorge Amado, Clarice Lispector, e na poesia Carlos Drummond de Andrade, Manuel Bandeira, João Cabral de Mello Neto, para lembrar nas duas vertentes apenas os nomes mais célebres, canônicos e duradouros, a geração que "escrevia em gabinetes", quase todos mais ou menos integrados funcionários de Estado, herdeiros, cada um a seu modo, de linhagens literárias clássicas, todos tranquilos, os homens de terno e gravata, as mulheres de longo, cedeu lugar a um novo imaginário que passava a fundir a vida e a obra num mesmo projeto de ruptura literária e existencial, na turbulência de uma prolongada ditadura militar e sob os ventos de um irracionalismo genérico e adolescente, como se os fios de uma longa e sólida meada que vinha desde Machado de Assis se perdessem súbitos e para sempre. Nenhum autor dos novos tempos chegou perto, nos últimos quarenta anos, da importância e da ressonância dos nomes escolares clássicos do século XX, os que vêm resistindo firmemente à corrosão do tempo. Mas aqui é preciso lembrar também as violentas transformações sociais e econômicas da urbanização brasileira no período — isto é, não haveria mesmo, a ser verdade essa hipótese, como manter aquela meada tranquilizadora. Em 1970, voltavam-se agressivamente as costas ao "passado", um passado pejorativo, entre aspas, e contemplava-se com entusiasmo o vazio do futuro, que haveria de nos redimir.

Assim, foi por uma conjugação um tanto paradoxal de fatores que aquele período representou a morte lenta do espírito da prosa, no que ela se contrapunha, especificamente, ao discurso poético centralizador. Se o projeto de fundir a arte com a vida, na existência cotidiana, favorecia o discurso monológico dos cantores do novo tempo, reproduzindo o mundo político chapado em que as visões de mundo se reduzem a mitos excludentes, cantados de punhos erguidos, no campo teórico o advento triunfal de uma certa ciência literária estruturalista que invadiu o refúgio universitário durante a ditadura esvaziava a literatura de seus sujeitos, dispensava os seus autores de responsabilidade axiológica e reduzia os pontos de vista a itens sintático-gramaticais da frase: *tudo é objeto*. A linguagem do romance, nos anos que se seguiram, não conseguiu sobreviver a essa pauta duplamente asfixiante. Todos tinham algo a dizer mas ninguém tinha nada para conversar. O paradoxo incrível é que esses dois movimentos muitas vezes andavam juntos: o *hippie* performático, detonador das convenções sociais que fazia de si mesmo a sua obra, queria ser também o engravatado técnico de laboratório, reduzindo o texto a assépticas e inquestionáveis operações de linguagem.)

(Parêntese dois: como na nossa tradicional imagem da pororoca, dois rios se encontravam naqueles anos míticos. Sim, o futuro se embebia nas águas suavemente irracionais dos projetos totalizantes, literários, poéticos, políticos, sociais, militares, religiosos, espirituais, cada utopia recusando radicalmente a sua rival.

Mas de onde eu vim, quando desembarquei ali? Lembro de três leituras absolutamente marcantes de infância e adolescência: Monteiro Lobato, Júlio Verne e Conan Doyle. Todos são autores iluministas, racionalizadores até a medula, crentes no poder da lógica, da inteligência e da razão, desmistificadores dos mitos e das fantasias, verdadeiros "educadores da natureza". E, igualmente, todos eurocêntricos, brancos, pontual e discretamente preconceituosos (o negro em Monteiro Lobato, o judeu em Júlio Verne, o selvagem em Conan

Doyle). Nada a estranhar: o Ocidente inteiro se fez sobre essas premissas, às vezes mais, às vezes menos violentas, e sempre contrapostas à relativização civilizadora de uma certa alma de Montaigne, que atravessou três séculos dando cada vez mais dimensão política à diferença, até finalmente nos universalizar a todos no mesmo desejo de um ser humano comum.

No terreno das formas, vem daí o prazer da narrativa romanesca, que me tomava por inteiro — partilhar uma história, o que, no momento da leitura, representa um evento que toca em todos os pontos da nossa representação do mundo, dos nossos modos de fazer parte do mundo e estabelecer uma tábua de valores. (A ilusão formalista, renascida nos anos 1970, tentou separar esses processos em categorias estanques e incomunicáveis, no mimetismo científico que não admite valor existencial ao fato bruto que se vê na lâmina ao microscópio.) Mas há também no espírito da prosa esta ideia absolutamente inescapável do romance, que é a do homem inacabado. Como Sherlock Holmes, temos apenas algumas pistas para interpretá-lo, pistas que a narrativa põe no caminho de quem lê e que não são um mero jogo de armar — exigem a nossa resposta e a nossa complementação, em termos que nenhum outro discurso pode nos dar, exceto o da ficção.

Naquele embate de dois tempos, a razão de onde eu vim saiu perdendo para o mundo místico triunfante, o que é outro assunto.)

O segundo aspecto que me contrabalançou para melhor, além da renitente ausência de cinismo, foi a negação da utopia comunista, que me aconteceu desde cedo, o que eu acho surpreendente, pelos antecedentes e pelo próprio hábitat em que eu vivia. Talvez eu tenha sido salvo pela idade; apenas dois anos mais velho que eu fosse, e quem sabe estaria, maduro, no meio do fogo cruzado que levou uma geração inteira à clandestinidade, e parte dela ao delírio da luta armada (e que viria a assumir o poder, sob premissas democráticas, décadas depois). Mas percebo que eu já era essencialmente (ou intelectualmente, para ser mais preciso) um individualista, como todo escritor. E, amparado numa comunidade de substância regressiva, passei a negar à ideia de Estado qualquer autoridade moral, intelectual ou filosófica que merecesse o meu respeito. Sim, é um ideário estúpido, que acaba por negar o próprio conceito de civilização e de vida em comum, e fui me livrando dele ao longo dos anos, meio que a duras penas. Mas até hoje mantenho um resíduo dessa ojeriza instintiva às formas do Estado, uma atenta desconfiança ao mastodonte oficial e de seus posudos representantes, desconfiança que, na vida real, eu ainda acho profundamente saudável.

E um dos sinais de afirmação do escritor abrindo o casulo naqueles anos verdes — enfim retomo o ponto do início, quando me perdi — foi passar a escrever literatura à mão, quase que como uma atitude ideológica de conformidade a tudo que fosse supostamente natural e autêntico. Como se no simples gesto da escrita manual eu suprimisse simbolicamente a distância entre as coisas e as palavras, entre o mundo e o sentido que damos a ele. Como se, radicalmente, eu me transformasse na minha escrita.

Era também um ideário regressivo, que eu apreendia por osmose do meu guru — a ideia de que a utopia humana estava num passado mítico, e não neste horror do tempo presente, que exige a minha participação direta em tudo que é inacabado. Na regressão redentora, em que tudo já está pronto, o conceito de progresso é sempre entendido como o desenvolvimento de um erro. E, mais insidiosamente ainda, como uma espécie de pragmatismo positivista oficial, como a soturna mensagem da bandeira nacional, particularmente ofensiva naqueles anos militares: "Ordem e Progresso". Escrevi praticamente todos os meus livros prazerosamente à mão, em folhas finas amarelas, até 2005. Quando comecei a tatear a forma que teria *O filho eterno*, entreguei enfim o meu momento de criação à rapidez do computador, em outra viagem sem retorno.

Continuo tentando descobrir o que leva alguém a escrever. Se o passado pode dar alguma pista, no meu caso específico, encontro naquele instante de demissão do emprego a marca de uma escolha definitiva, mas não posso me enganar: havia mais coisas em jogo do que simplesmente um projeto de escritor. Nos padrões de hoje, por exemplo, eu talvez estivesse muito mais protegido como escritor mantendo o emprego, aproveitando o tempo livre, preparando-me academicamente e alimentando a solidão intelectual (foi exatamente o que eu iria fazer alguns anos mais tarde, ao me tornar professor); em outras palavras, recusando tudo que fosse "típico" do meu tempo. (Mas o típico que eu vejo agora em mim mesmo aos 16 anos é uma noção de hoje, não daqueles primeiros anos. Para aquele que eu era, o típico execrável seria justamente seguir esse roteiro conformado de "pequeno-burguês", outra expressão marcante daquela época.) A questão é que o impulso de escrever literatura talvez não seja nunca um projeto puramente intelectual, ou mesmo preponderantemente intelectual; isso é bastante verdadeiro para a geração dos anos 1960, em que a consciência da atividade artística fazia parte de um pacote, digamos, "global", para usar anacronicamente uma expressão típica de nossos dias.

A morte do pai, a crise familiar, o choque da mudança de cidade, mais um valor intangível que podemos chamar de "inclinação pessoal" (dom, ou, dizendo de uma forma mais precisa, muito desejo e algum talento), tudo sob a viva atmosfera política, econômica, social e cultural de um tempo, e eis o escritor, como num almanaque de destinos. Há talvez dois ingredientes a mais: a noção de inadequação e o difícil conceito de felicidade.

18

Tentemos assim: o escritor é, antes de tudo, um inadequado, alguém flagrado por ele mesmo em erro, que tentará recuperar, pelo trabalho beneditino da escrita, a sua alma — digamos romanticamente (mas a literatura, como a entendemos hoje, é de fato uma produção romântica) —, a sua alma usurpada. De certa forma, a expressão que o escritor João Antonio costumava usar, com um toque vingativo, para explicar seu trabalho de escritor — quando escreve, o escritor "vai à forra" — está certa. Mas eu deslocaria a direção dessa vingança, que para ele parece que era diretamente dirigida à sociedade, para a própria intimidade do escritor. É como se o escritor, de fato, fosse o seu próprio inimigo e quisesse corrigir a si mesmo, antes de, pragmaticamente, ou apenas hipocritamente, tentar corrigir a sociedade e o mundo. É uma mudança de perspectiva, mas eu temo estar aqui definindo uma pauta literária para o meu tempo, ou antes uma ética literária, do que propriamente descrevendo com frieza o que acontece de fato.

De qualquer forma, o sentimento de inadequação parece ser o primeiro motor de quem escreve a sério. O que nos leva a um paradoxo interessante, que é em si uma inadequação metafísica: a felicidade não produz literatura. A ideia de felicidade — sei que estou enveredando por uma neblina inapreensível de significados conflitantes, cada um deles pouco nítido, mas vamos tentar pensar momentaneamente apenas com o senso comum —, a ideia de felicidade supõe alguma adequação, algum equilíbrio entre o ser e o seu meio. Para a minha geração, esse conceito de felicidade teria sido nada mais que uma impressionante construção do cinema americano, em cada um dos milhões e milhões de finais felizes que passaram a fazer parte integrante da narrativa da vida de populações inteiras, da infância à velhice, nas telas gigantes dos cinemas e nas telinhas das tevês. A ideia simples de que a vida, simplesmente, pode não dar certo, e que temos de nos preparar, ou pelo menos pensar sobre esse absurdo de origem, era intolerável para o imaginário cinematográfico hegemônico dos anos 1950 e 1960, que moldou maciçamente um jeito fascinante e irresistível de ver o mundo — uma câmera que nos recompensa narcisisticamente a todos, o tempo todo.

O cidadão americano pelo menos contava com a sombra histórica assustadora do puritanismo para contrapor a essa festa de Hollywood — sendo o puritanismo, na sempre saborosa definição de H. L. Mencken, o medo de que alguém, em algum lugar, possa se sentir bem. Já o imaginário político e social brasileiro, nem será preciso repetir, construiu-se na direção oposta ("O brasileiro é o povo mais feliz do mundo", é o que dizem as pesquisas), mas na vida real a ideia de que a felicidade seja um tipo perigoso de pecado não parece completamente ausente na nossa cultura.

Ou estou apenas tendo uma sensação regressiva, de infância, o que torna as coisas mais impalpáveis, até porque não tenho lembrança de uma família especialmente religiosa. Do meu pai, não me ficou nenhum resíduo que me lembrasse igreja, embora, é claro, neto de italianos, descendente de uma colônia de agricultores que povoou a região catarinense que se fez em torno de Orleans e Urussanga, ele fosse um católico típico da imigração italiana brasileira. Mas da nossa curta convivência não me ficou nenhuma imagem marcante que o vinculasse ao mundo da religião. E minha mãe morreu em 2011, aos 89 anos, sem um único crucifixo nas paredes do apartamento em que vivia sozinha, e não me lembro de nenhum momento em que ela estivesse rezando, saindo para ir à missa ou lendo a Bíblia. Aliás, não havia Bíblia em casa. Comprei minha primeira Bíblia, uma boa edição comentada do Círculo do Livro, lá pelos meus 40 anos (um retardamento terrível, devo dizer retrospectivamente, para quem desde criança quis ser escritor). É verdade que muitas vezes minha mãe repetia, sempre que havia algum problema na família, frases feitas que deveriam evocar seu sentimento religioso ou mesmo sua afetividade mais profunda: "Rezei a noite inteira por Fulano ou Beltrano", ou "Chorei de me acabar pensando nele", e que eram ditas com a firme convicção das mentiras sinceras, mas sem dor, com a rapidez prática de quem quer se livrar o quanto antes de uma incômoda formalidade sentimental.

É verdade que minha avó materna (a única que eu conheci) era o que poderia ser definido pitorescamente como um "rato de igreja", e todas as lembranças que tenho dela me remetem a essas matronas sinistras (que hoje eu sinto e vejo como figuras organicamente ibéricas), eternamente de preto (cor que no meu imaginário nunca mais tirou do corpo desde que se desquitou, com três filhas, aos 23 anos), a distribuir culpa onde quer que os olhos pousassem, o que de certa forma talvez explique a direção religiosa oposta da minha mãe. Todas as vezes em que a dona Ernestina nos visitava em Curitiba, a despedida acabava por se revelar uma peça de teatro completa, de atos e entreatos até o rompimento furibundo para sempre, com portas batidas, gritos, ofensas, malas na calçada e promessas de ódio eterno, até a próxima visita, um ano depois, que sempre começava entre sorrisos, abraços e saudades e sempre terminava com as malas na calçada.

Lembro especialmente de que minha avó me obrigava aos domingos a ir com ela à Igreja da Ordem, subindo a Mateus Leme, onde eu tinha surtos de pressão baixa, e pelo menos uma vez desmaiei, ajoelhado no meio daquela multidão balbuciando rezas e respondendo a ladainhas. Eram momentos especialmente infelizes dos meus 9 anos, que se banharam, poucos anos depois, de conteúdo ideológico: lembro de ter sussurrado a alguém meu plano de confessar ao padre que eu era comunista, e lhe dizer verdades terríveis, agressivas ("Deus não existe!"), para então eu sair da igreja batendo os pés e nunca mais voltar a ela, num rompimento definitivo com qualquer promessa de paraíso, como um personagem retardatário de Dostoiévski. O ridículo, ou o patético da ameaça, quando me lembro, não esconde a angustiante motivação da cabeça de uma criança, o seu sentimento real se debatendo num repertório estreito de referências, apenas dois ou três eixos frágeis na família desenhando o cosmos.

19

Se o puritanismo clássico nunca foi uma variável brasileira, ainda que o substrato de culpa religiosa esteja sempre presente, como em qualquer cultura cristã, o mal-estar com a ideia puramente laica de felicidade parecia ter uma consistência político-ideológica em parte da minha geração, segundo o conceito de que ninguém podia ser feliz (ou fazer "poesia", na versão mais dramática) enquanto houvesse alguém passando fome no mundo, um conceito instrumental do engajamento comunista na revolta geral contra as ditaduras latino-americanas, que, além do marxismo de almanaque, ou apenas prático, que nos alimentava a todos, encontrava também um tempero filosófico francês de alto coturno, de raiz existencial, girando em torno do cachimbo e dos olhos vesgos de Sartre nas calçadas de Paris.

O militante fiel é sempre um jacobino, lutando pelo controle e pela pureza das almas, a sua e a alheia. Para um jovem brasileiro daquele tempo, o ato de escrever absorvia esta atmosfera potencialmente revolucionária. Também aí a ideia de obra se amalgamava com a ideia de vida. Não ser um "alienado" — o pecado mortal da época — significava engajar-se de corpo e alma nos projetos da vida, fossem literários, musicais, teatrais ou políticos. Tudo parecia dizer: seja você mesmo a sua obra. Na área política, esse ideário criou uma geração inteira de especialistas em mecanismos de tomada do poder, sempre sob o manto utópico de radicalmente *virar uma página* da História. (É interessante a recorrência desta metáfora: virar a página. Há um quê assustador nessa ideia de limpeza e apagamento do passado.)

Naquele momento de transição e turbulência, o teatro exerceu uma influência significativa na minha vida; e tive a felicidade de participar de um curto período particularmente rico do teatro curitibano, que refletia, com alguma qualidade, as linhas de vanguarda que explodiram no eixo Rio-São Paulo ao longo dos anos 1960. Havia entre os jovens uma importante efervescência teatral, com vivas discussões teóricas e realizações práticas, que me arrastou a partir de 1967.

Talvez poucas artes propiciem tão perfeitamente a imagem de fusão da obra com a vida como o teatro; e parece que toda a sua beleza e seu fascínio vêm desta ideia de frágil transcendência, a vida transformada em arte. Para um adolescente daqueles anos (de um Brasil agrário e fortemente conservador, e numa era ainda pré-televisão), o teatro representava também um pacote irresistível de transgressões, pela carnalidade dos ensaios, a permanente (mas nunca realizada) promessa escapista de uma vida paralela melhor do que a vida real, o narcisismo explícito que é em si a explosão da autopresença no palco, um narcisismo autorizado e defendido pela convenção, a sensação quase circense de uma viagem poética perpétua, e mais o sentido subterrâneo da marginalidade que se protegia no espírito do grupo. E, sobre tudo isso, o ritual profano, a percepção do ator em cena como um mensageiro do, digamos, indizível — a peça de teatro assimilada como uma espécie de missa. Vai aqui uma pesada idealização, eu sei — mas aquele era um tempo febril e, como eu disse, sem cinismo. E, parece, sempre é mais simples ancorar-se no ideal transcendente do que no simples chão.

(Parêntese: a droga. Nos anos 1960, a elevação mais ou menos ostensiva da droga como uma curiosa coadjuvante do mundo cultural, ou pelo menos como elemento inseparável do que se poderia chamar de cultura de transformação, exerceu um papel existencial-ideológico que encontrava no teatro um espaço importante. Naquela época, o espírito contestatório errático e individualista (quando à margem das utopias políticas de esquerda, que corriam, caretas, em outro trilho) encontrava na droga uma espécie de álibi perfeito. A droga era outro ponto de encontro de diferentes ideários do tempo que amadureciam simultaneamente: a luta pelo direito absoluto do indivíduo ao prazer sensorial, contra a ética puritano-repressiva; a ilegalidade — ou desobediência civil, na sua forma mais refinada — assumida como um caminho legítimo de afirmação da condição humana contra o sistema policial-capitalista; a evocação de uma dimensão místico-libertadora da vida inacessível a quem se entregasse à mecânica empobrecedora da vida cotidiana; a exploração dos arcanos da mente, cujo acesso, interditado pela escravidão da razão, seria liberado pelo poder das drogas; e, enfim, a ideia subjacente de que o uso mais ou menos ritualístico de plantas alucinógenas ou narcóticas seria uma espécie de injeção de natureza e autenticidade num mundo de mentira e artifício. (É recorrente a fantasia de que a droga revela "nosso verdadeiro eu".) No fim, todo esse universo se reduz a uma única coisa: a terrível dependência química.

Um gigantesco imaginário positivo do uso da droga entrou em cena na virada dos anos 1960, pela glamorização libertária dos ídolos da música popular (o célebre festival de Woodstock, em 1969, foi o zênite desse clima, mas cada banda que surgiu depois dos Beatles era também um estandarte implícito do uso da droga), um imaginário que também se amparava à sombra da ficção *beatnik* e eventualmente pelo prestígio de intelectuais de peso, como Aldous Huxley (nesse aspecto reduzido a clichês mais ou menos rasos), e pela vulgarização de um orientalismo genérico que punha no mesmo saco os poderes transcendentes do incenso e da *marijuana*, numa salada cultural globalizante que se estendeu invencível até hoje.

Minha passagem pela droga, um pouco por acaso, e muito pela minha cabeça refratária, foi felizmente fugaz. Só cheguei a ver de perto uma carreira de cocaína nos filmes; lembro que, ao escrever *Trapo*, fiz algumas consultas a amigos e li a respeito para descobrir como era aquilo, mas não achei necessário experimentar. Minha desconfiança veio talvez de um breve trauma adolescente: uma experiência com um amigo de cheirar no lenço uma substância que lembrava lança-perfume e que dava "barato" provocou um efeito violento na minha cabeça que durou mais dois dias, um zunido com dor de cabeça. Praticamente criança, fiquei realmente assustado, quase em pânico, e até hoje me vem a ideia de que talvez aquilo tenha levado para sempre algum estabilizador do meu cérebro... Nunca mais repeti a dose. De qualquer modo, a droga típica do tempo era a inocente maconha, às vezes plantada em vasos, que experimentei algumas poucas vezes, sempre em rituais comunitários, com um certo espírito de laboratório, para conferir ao vivo seus efeitos, que não me impressionaram. Excepcionalmente, ouvi referências ao LSD, e soube de quem usava, mas não me interessou, mesmo depois de ler

As portas da percepção e O céu e o inferno, de Huxley, livros que eram uma espécie de pós-graduação dos usuários mais sofisticados. Em suma, as drogas ilegais não fizeram a minha cabeça. Das legais, fui fumante compulsivo até os 45 anos, quando consegui largar completamente o cigarro, graças à própria nicotina, que apliquei em adesivos durante um tempo até me livrar da dependência. Restou o álcool, que uso (apenas na forma de cerveja) em fins de semana.

De qualquer forma, ninguém poderia imaginar naqueles tempos mais ou menos inocentes a dimensão absurdamente trágica que o uso das drogas acabaria por tomar na vida contemporânea, pela via do tráfico. É uma questão central do mundo contemporâneo; nenhuma solução política das sociedades periféricas como a nossa poderá vingar sem, de alguma forma, resolver o impasse do tráfico. (A proposta de legalização, seguindo a lógica do fim da Lei Seca, me parece potencialmente interessante, desde que amadurecida numa escala global.) Bem, fazendo uma leviana "profecia retrospectiva", a complexa combinação de fatores que glamorizou a droga nos anos 1960, vinculando, no mesmo gesto de "dar um tapa", a liberdade pessoal, a valorização do indivíduo, o amor à natureza, a contestação ao sistema e a legitimação do rompimento legal, e, no centro de tudo, a dependência química, só poderia dar mesmo no que deu.)

Em 1968 e 1969, participei em Curitiba (como iluminador, contrarregra ou sonoplasta, mas fazendo um pouco de tudo nos ensaios, no melhor estilo amador-comunitário) de três peças que pareciam indicar três vertentes diferentes que confluíam no tempo: *O pequeno solitário*, de W. Rio Apa, *Círculo na rua, lama na rua*, a primeira peça de Denise Stoklos, e *As criadas*, de Jean Genet, sob direção de Oracy Gemba. Simbolicamente, percebo neste momento, essas três peças eram um providencial encontro entre Rousseau e o culto da pureza natural, Brecht e o ativismo político de esquerda, e Jean Genet antecipando a transgressão radical e multicultural dos gêneros (e, se não sou traído pela memória, a montagem mais profissional e bem realizada). Isso sei agora, nesta fria separação didática — no calor do momento, tudo era parte de um mesmo e animado pacote transformador da minha vida. Denise Stoklos talvez tenha conservado mais perfeitamente a medula estético-ideológica daquele tempo e daquela vivência: o seu "teatro essencial", que ela mantém até hoje, representa uma incrível fidelidade à origem, em particular à ideia de autenticidade e de recusa radical às concessões. Ao mesmo tempo, seu teatro é uma afirmação quase absoluta do individualismo. O que talvez soe paradoxal é que, nos três movimentos que as peças representavam, em tudo havia um toque messiânico, a ideia subjacente de "missão a cumprir", como substituto psicológico ao velho esquema familiar quadrado e convencional que ia sendo demolido em toda parte, mas que por inexplicável feitiçaria parece vazar e renascer também em toda parte.

20

E o que eu escrevia agora, depois da ruptura do emprego formal do escritório? Não eram mais nuvens brancas e singelas, nem corpos rubramente mortos na calçada, embora esses ecos me acompanhassem com alguma força por um bom tempo: mensagens humanistas envelopadas com "estilo". Cheguei a escrever algumas peças de teatro, e naquele momento uma delas — um certo *Monólogo do amanhã*, a fala de um jovem revoltado contra o "sistema", bastante refeita e revisada pelo meu guru, que enxugou e deu consistência dramática àquele desajeitado e palavroso texto literário — chegou a ser representada em bares de Antonina e Curitiba, no estilo alternativo de sempre. Pela primeira vez na vida, me senti um autor, ainda que com um travo de dependência intelectual e emocional de que levaria muitos anos para me livrar. Eu era o "discípulo", papel que durante um bom tempo assumi com lealdade e competência.

(Parêntese: o tema do "discípulo" é um dos mais ricos da mitologia artística. Nas atividades coletivas, como no teatro, a relação entre diretor e ator pode assumir a hierarquia nítida que transparece entre quem ensina e quem aprende. Num tempo de formação e transformação radicais, como o final dos anos 1960, todo diretor de teatro era mais ou menos um mestre a quem se seguia, cada um com sua tábua de valores, seus dez mandamentos e seus anátemas infernais. E o teatro nunca é uma atividade puramente intelectual (nenhuma atividade artística é puramente intelectual, mas há gradações; o teatro invade a vida real dos participantes de um modo quase que brutal); o envolvimento emocional, o transbordamento da arte para a vida e, no caso específico daqueles anos, o próprio ideário que se propagava de fusão entre uma coisa e outra favoreciam a relação entre mestre e discípulo.

Eu gostava da ideia de ter um mestre e de me fazer discípulo, talvez pela força de um resíduo de infância que eu relutava em abandonar (na verdade, que eu não chegava sequer a formular, confortável no meu posto); como álibi, era uma relação que a mim parecia encaixar-se num quadro literário da vida, como personagem de uma novela de Hermann Hesse, autor que eu começava a ler com certa devoção. Um psicanalista talvez dissesse que eu encontrava em W. Rio Apa o pai que me faltava, com todas as vantagens de uma estabilidade familiar, o que eu não tinha na vida real, e ao mesmo tempo com todas as vantagens da transgressão adolescente. Uma espécie de melhor dos mundos. Acho que foi exatamente isso o que aconteceu, mas não importa: criei na minha cabeça uma certa mitologia medieval secreta, uma tranquila idealização em que a existência de mestres sábios e discípulos leais faziam parte do equilíbrio do mundo. Era um tempo propício à multiplicação de mestres e gurus, junto com a onda orientalista que voltava a invadir o Ocidente — até os Beatles adotaram o seu guru e em 1968 foram à Índia fazer um retiro espiritual, o que teve ressonância no mundo inteiro. Alguns dos contos de *A cidade inventada*, meu primeiro livro, tentavam recriar a imagem dessa relação anacrônica, mas eu era ainda um escritor emocionalmente amarrado demais, imaturo demais, para transformar o tema em boa literatura.

Trinta anos depois, retomei essa ideia, transportando a relação para o presente, agora no mundo das artes plásticas, no romance *Breve espaço entre cor e sombra*. A primeira frase que me ocorreu para enfim começar o livro era: "Jamais consegui viver sem um mestre." E a primeira cena do romance é o discípulo assistindo ao enterro de seu mestre.)

Por uma sequência de acasos, o monólogo me pôs em contato com um dos maiores editores da época, Caio Graco Prado, da Brasiliense. Editor de Rio Apa (em 1968 havia publicado dele *No mar das vítimas*, um livro de contos), Caio foi a Antonina conhecer a nascente trupe de teatro, assistiu ao monólogo e me pediu para lhe enviar o que escrevesse. A minha carreira literária — uma expressão que me irrita até hoje, como se a literatura pertencesse ao mesmo estatuto dos funcionários públicos com seus planos de carreira —, a minha carreira literária (não há como me livrar dela) começou ali. Volto a isso mais adiante.

Daquele momento adolescente até os 17 ou 18 anos, posso dizer que eu já me tornava definitivamente um adulto, alguém que faz escolhas claras e determinadas, com um senso pessoal e moral perfeitamente nítido de valores, por mais absurdas ou simplesmente obtusas que essas escolhas pareçam aos meus olhos de hoje. As desculpas começavam a ficar para trás. Enfim, eu sonhava, era dono do meu nariz. Não quis entrar na universidade; por imitação do mestre, que havia sido marinheiro e manteve ao longo da vida uma intensa relação idealizada com o mar, e também por mimetismo com a imagem de escritor e marinheiro de Joseph Conrad (a leitura de *Lord Jim* havia me impressionado), tentei ser piloto da Marinha Mercante, ingressando em 1970 na escola de oficiais com sede no Rio de Janeiro. Mas saí de lá em poucos meses, asfixiado pelo pesado militarismo da instituição, depois de falsificar a assinatura da minha mãe, porque eu ainda não tinha 18 anos e ela não assinaria a minha dispensa, se eu pedisse. E mergulhei de corpo e alma na comunidade rio-apiana, orgulhosamente perdido entre os 10 mil habitantes de Antonina, no litoral do Paraná, onde fiquei em torno de sete anos, com uma interrupção em 1975, que passei na Europa, em outra iniciação — o que também é outra história.

21

Tentando recuperar o fio dessa meada do tempo: que conceito eu tinha, agora, de literatura? A rigor, nenhum. Se quando criança eu copiava objetos com meus livrinhos de papel, agora tentava escrever romanções, a partir de teoria nenhuma, apenas tentando absorver por osmose o que eu lia. Entre 1969 e 1973, durante meu período comunitário, escrevi três longos romances, cada um deles com cerca de duzentas páginas, com uma disciplina monacal que, quando olho para trás, até hoje me assombra.

Havia no Brasil uma ruptura estética em franco andamento (que pelas beiradas eu acompanhava, via teatro), e, politicamente, houve uma diáspora de uma geração inteira que, quando não foi se matar na selva no delírio revolucionário, exilou-se para onde fosse possível. Em pouco tempo, a sonhada revolução estética começaria a ganhar a cara insossa da universidade, sob a sombra de uma assepsia formal com pretensão científica; a literatura, enfim, escolarizava-se, e agora parecia sair das ruas, num movimento intelectual que aos meus olhos xucros era o pior dos mundos. Não propriamente por motivos estéticos ou teóricos (aos quais eu não tinha propriamente acesso ou mesmo interesse, além de dois ou três conceitos de algibeira, de uso próprio), mas por uma visão de mundo, digamos, espontaneísta, que eu protegia com unhas e dentes na redoma comunitária.

Nos anos 1970, um ciclo completo da literatura brasileira começava a se apagar, e, como eu disse antes, com ele o clássico espírito da prosa, que era o que me alimentava — a prosa (isso imagino agora) começava entre nós a ter sua data de validade vencida. A perspectiva que passava a ser dominante, e que eu tentava apreender com minhas antenas precárias, perdido em Antonina e vivendo meu sonho regressivo, era "poética", no sentido estrito do termo; ou na sua dimensão, digamos assim, de gabinete. Ressurgia uma concepção do fazer poético que, sob o manto protetor do prestígio universitário, pretendia englobar o conceito total de literatura, apagando dela qualquer vestígio do espírito da prosa, agora necessariamente subjugada a uma voz centralizadora, fora da qual nada respira. As visões de mundo em tensão e oposição permanentes, que sempre marcaram de forma complexa a grande prosa, dentro de um quadro mental que não se entrega à polarização e extrai sua alma das nuances e entrelinhas de vozes concretamente distintas e autônomas, não pareciam mais encontrar fermento na cultura brasileira. No máximo, o olhar chapado da denúncia social, em narrativas convencionais e pouco inspiradas. Na prosa, o dominante de prestígio passava a ser o poético autorreferente, a negação do realismo (uma negação que entretanto não conseguia tirar os pés do chão, pela sua pobreza conceitual), o escapismo de um mundo paralelo e excludente, protegido no sonho, e um desejo psicanalítico de ruptura a qualquer preço, sob o medo da tradição (identificada sempre com o conservadorismo, um pecado então mortal).

(Parêntese: tudo isso que digo, digo agora, com o conforto da distância, tentando entender; naqueles anos, minha reação era apenas instintiva, sem nenhuma formulação específica além de uma ou outra chave argumentativa absorvida lealmente do mestre, que, em seus projetos, cada vez mais passava da racionalidade estética para a busca de uma iluminação mística. A noção de que a nossa literatura estava antes se apagando do que se renovando só me ocorre neste momento.)

E naquele momento (1970), o que eu queria escrever? Um novo *Lord Jim*, ou um novo *São Bernardo*. Uma cena de Dostoiévski. Um parágrafo de Faulkner. Durante um tempo, uma narrativa que tivesse a força de *Cem anos de solidão*. Eu sonhava com um capítulo que tivesse o impacto de *O estrangeiro*. Eu queria escrever um romance que Vargas Llosa assinasse sem pestanejar (naquele momento, mais *Tia Julia e o escrevinhador*, e menos *Conversa na catedral*). Um conto qualquer de Machado de Assis, com a límpida nitidez de seus personagens. E, entre um romance e outro, eu queria escrever um poema com a clareza enigmática de Carlos Drummond de Andrade (o que tentei várias vezes; o melhor que eu consegui na poesia foram imitações até razoáveis de Drummond). É claro que essas leituras sem método nem escola, mais o discurso corrente da vida à margem que eu levava, acabaram por criar na minha cabeça uma estética pessoal, que, embora jamais organizada em tópicos como um *corpus* disciplinado, acabava por transparecer na frase que eu escrevia — a linguagem se vinga friamente do que queremos fazer com ela, relembrando em cada curva o fantasma dos antepassados.

A ideia de romance que começava a tomar forma na minha cabeça verde nascia substancialmente como narrativa e como empatia. Isto é, ao avesso do que seria a norma de prestígio do meu tempo, desde sempre considerei a empatia um elemento central da literatura (talvez eu tenha herdado essa certeza do teatro). A voz do texto de alguma forma tem de se vincular à experiência humana concreta, de modo que também seja a voz de um alguém, com quem eu vou negociar significados emocionalmente carregados.

(Parêntese. Neste sentido, o da exigência de um outro diferente de mim, a perspectiva da confissão literária como gênero não me atraía originalmente, embora fosse a essência do que eu fazia em teatro, pelo próprio ideário da comunidade, o teatro como catarse. Mas, no texto literário que eu sonhava escrever, havia como que a sombra de uma vergonha na ideia da confissão pessoal, a vergonha da presunção e da pretensão tornadas visíveis: quem sou eu, afinal, para falar em primeira pessoa?)

E a voz do texto tinha de se instituir como narrativa: escrever é contar uma história. Até aqui, imitação do que eu lia (e do que eu escolhia ler naquilo que eu lia). Mas, antes de ir adiante, é bom lembrar este sobressentido essencial: o prazer narrativo. (Essa é uma categoria demasiado ampla e difusa para se explicar em detalhes — fiquemos provisoriamente apenas com o senso comum da palavra, que me parece suficiente: o prazer de narrar criando o prazer de ler.) Sobre essa base, entrariam os conteúdos, a visão de mundo, a mensagem, o que quer que seja. E me surge agora uma palavra retrospectivamente hilariante, mas que se levava a sério, no catecismo mental do tempo: a "superestrutura".

Estou tentando mais uma vez fazer uma autoarqueologia teórica, porque, nem seria preciso dizer, enquanto eu escrevia meus primeiros três romances, nada disso estava claro na minha cabeça. Eu não pensava objetivamente no que estava fazendo. Todos os dias, metódico, mais ou menos à mesma hora, abria meu caderno de folhas amarelas e tocava em frente minha história, o que me enchia de esperança e me deixava razoavelmente feliz (às vezes mais, às vezes menos; parte do dia se povoava do meu texto; eu me alimentava da lembrança do que havia escrito, e sonhava com o texto do dia seguinte). O ato de escrever começava a tomar conta da minha vida, a partir da insídia abstrata do método. Mas se eu fosse depreender o que entrava em jogo no meu trabalho, se eu conseguisse, afastado de mim mesmo, extrair o quadro mental que produzia aqueles textos, este seria, quem sabe, semelhante ao que está no parágrafo acima.

Sim, o mundo das ideias vinha antes, mas o ato de escrever acaba por criar, desenvolver e apurar o sentido técnico da escrita, o que os formalistas chamariam o material do texto, a partir da primeira palavra — afinal, em que língua eu escrevo? Não é apenas uma dúvida estética. Para um adolescente escritor, a noção do certo e do errado não se resume a uma questão axiológica; é também (e às vezes principalmente) uma noção rasteiramente gramatical. A língua da literatura é fundamentalmente a língua-padrão escrita (não existe literatura *naïf*, exceto como capítulo fechado da arte popular, em geral cantada, sempre igual a ela mesma), mas não pensamos nisso como uma escolha, apenas como destino, que assoma sempre muito maior do que nós. Sem formação linguística (isto é, de uma ciência que explique alguns pontos básicos do funcionamento das línguas), ausência que entre nós tem sido mais ou menos a regra de escritores e jornalistas, cujo saber teórico na área, infelizmente, costuma se resumir às noções gramaticais escolares da língua-padrão, sem essa formação o escritor sente-se desarmado diante dos problemas que eventualmente surjam em seu texto, problemas de representação linguística, da multiplicidade de vozes, das variedades de tons, de léxico, de torneios sintáticos e soluções elípticas, da percepção das marcas de oralidade, da técnica dos diálogos, enfim, de alguns fundamentos da língua, digamos assim, no duro espelho de passagem entre a fala real e concreta de todo dia e sua rígida representação escrita.

Desarmado, talvez, mas nunca imóvel: ninguém deixou de escrever ou criar linguagem por ignorar sua ciência. O escritor avança às cegas; escolhendo pela intuição, sob o peso de sua própria língua, determinante de cada um de seus gestos mentais, pela percepção do conjunto, pelo quadro de valores que cada frase escrita acrescenta ao seu repertório, o escritor vai adiante até sentir e criar a sua escrita, o seu idioleto literário, aquele olhar único que enfrenta singularmente uma cena, uma ideia, uma fala, um conjunto de informações ou tudo ao mesmo tempo na passagem do impulso da mão para a realização do texto literário acabado, que se torna imediatamente outra coisa, um duplo estranho. Todo escritor, a todo instante, se vê às voltas com amontoados de palavras que parecem se descolar, aqui e ali, de suas referências, como animais indóceis, e é preciso domesticá-los. Que aprendizado é esse?

Para mim, nunca foi um aprendizado metódico, com lições de bom texto e progressão escolar do mais simples para o mais complexo. Fui escrevendo, e de repente, uma observação avulsa de um leitor do original como que me nocauteava, desencadeando uma sequência nova de percepções. Lembro do Rio Apa, ao ler um dos meus primeiros contos. O dedo apontou uma palavra: "semideitada". A mulher semideitada?, ele perguntou. O que é isso?

Anos depois, tomando cafezinho com Jamil Snege, escritor refinado e célebre publicitário curitibano que na minha formação fazia generosamente (e quase sempre ferinamente, o que deliciava o breve discípulo) o contraponto urbano ao meu ideário rural, eu o ouvi dizer do perigo de se usarem gírias nos textos: elas envelhecem antes mesmo de você acabar de escrever. É preciso que as palavras estejam entranhadas na língua como se desde sempre, para você empregá-las. Tim-tim por tim-tim, ele acrescentou, rindo a bandeiras despregadas.

Em outro momento, na primeira crítica literária escrita que recebi na minha vida, a carta de 1970 em que Caio Graco desmontava a marretadas meu primeiro romance, ouvi que eu escrevia "descrições intermináveis", chatíssimas. E, no melhor estilo da época de fazer de tudo *performance*, ele me aconselhava a beber para escrever, e assim liberar meus bloqueios (aceitei a primeira observação e descartei a segunda — careta, jamais escrevi uma só linha na minha vida sob efeito de drogas, uma heresia para aqueles tempos). Tempos depois, Caio desenhou um enorme ponto de interrogação sobre a forma "tropeçando-se", que destroçava uma frase de um conto que eu havia mandado a ele. (Tentei me defender da acusação, para mim mesmo: a forma era proposital, mas passava por simples ignorância de uso dos pronomes; o limite do rompimento nunca é simples, e em algum grau precisa ser partilhado pelo leitor.)

Cada uma dessas observações soltas, às vezes simplesmente anedóticas, surgidas como que ao acaso das leituras, deixou marcas e foi criando um conjunto mais ou menos caótico de valores literários, pequenas censuras que se tornam cânones, de que depois nos livramos para criar outros cercados, e assim por diante. Em tudo, resta uma concepção de língua e de literatura que vai tomando corpo no texto, queiramos ou não. (E nós passamos a ser desenhados pela língua que criamos.) Às vezes a imagem resultante se ergue como que à revelia do autor; em outros momentos, são escolhas férreas, eixos deliberados. Cada detalhe do texto se amarra com o texto inteiro e dele extrai sentido. Criamos idiossincrasias não transferíveis. Um exemplo: não gosto do mais-que-perfeito simples (um nome engraçado para um tempo verbal), pela simples razão de que ninguém emprega essas formas na vida real da fala brasileira (e o fato de eu usar este argumento já supõe uma estética e uma imagem do que eu penso que deve ser relevante no que escrevo). *Contara, fizera, estudara, perdera* vão sendo desmontados pela oralidade analítica e triunfante de *tinha contado, tinha feito, tinha estudado, tinha perdido*, ou pela forma mais literária, de passagem, de *havia contado, havia feito, havia estudado, havia perdido*, ou mesmo simplesmente *fez, estudou, perdeu, contou*, se a frase deixa clara a dimensão do tempo que está em jogo. É uma escolha com consequências que se amarram a outras, e em tudo há o peso de um valor, uma axiologia, uma noção hierárquica, e não apenas de um ornamento. E quando eu uso, enfim, o mais-que-perfeito simples, como alguém quebrando uma regra, a forma parece brilhar como um diamante no chão do texto, o que me agrada.

Enfim, nenhum escritor pode se sentir livre da pedreira de seu texto. Mas ele estará igualmente perdido se achar que seu texto é apenas a pedreira.

23

Aqueles três romances foram minha iniciação séria. Eu me sentava diante deles, todos os dias, com uma postura quase profissional, não fosse tão completamente absurda a palavra para designar aquele tempo, aquele autor, aquele ambiente, aquela intenção. (*Profissional* supõe antes de mais nada uma divisão entre mim e meu trabalho, o que, aos olhos do tempo, seria um crime de lesa-arte.) A seriedade da intenção, entretanto, mais a altura descomunal dos meus modelos imaginários, determinava a inapelável corrosão de cada frase que eu garatujava mordendo a língua, pelo simples fato de que estava tentando começar pelo fim. Como se meus livros continuassem sendo os objetos da infância, só que recheados agora de textos com pretensão autônoma. E, é claro, a imaturidade do narrador se via perdida diante de um universo que eu conhecia apenas dos livros e que tentava emular por milagre. Uma coisa leva a outra: alguém havia me dito, depois de ler um poema meu: *Você quer escrever como se já fosse o Manuel Bandeira. Tem de começar do começo.* Fiquei com aquilo na cabeça.

Tempos depois, me apeguei à frase ao fazer uma observação acovardada diante do Rio Apa, defendendo-me de uma crítica: eu não posso escrever como se já fosse o Manuel Bandeira. E (se me lembro bem; talvez eu tenha modificado a lembrança através dos anos) ele me disse: Sim, você tem de escrever como se você fosse o Manuel Bandeira, o Faulkner, o

Conrad. Pense sempre no máximo, queira sempre o máximo, ou não vale a pena escrever. Imediatamente absorvi a pretensão, empinando o nariz, como quem súbito conquista outro patamar: sim, por que não? Era uma falsa questão, que me colocava na raia de uma corrida de cavalos alheia (e nós cavalões comendo), e não na minha única e intransferível relação com a escrita, a que de fato me leva ao texto. Mas a pretensão do melhor ficou batendo na alma. (Até hoje.)

Iniciação séria: havia uma pose escrevendo aqueles romances, ainda que uma pose exclusivamente para uso próprio, refugiado no último dos exílios que um autor de 1970 poderia encontrar. Na vida real, continuava vivendo o melhor dos mundos: dos 18 aos 23 anos, integrado à comunidade, longe das obrigações escolares, dono arrogante do meu destino, fazendo parte de uma família alternativa estável, que me dava o pão e a sabedoria, viajando com uma trupe de atores e escritor (ainda sem obra) em tempo total. Foram anos felizes, de Peter Pan, exceto pela angústia literária — nada parecia amadurecer em mim. A ideia de literatura que eu porventura tivesse (de fato, não tinha nenhum conceito com nitidez) não se traduzia em bons textos.

Meu primeiro romance (*O papagaio que morreu de câncer*) contava a história de um grupo de crianças que foge de casa, refugia-se no Morro do Marumbi (próximo de Curitiba) e funda uma comunidade liderada por um papagaio. Era um texto inebriado pela fantasia infantil que ilustrava sem censura meus desejos de adolescente, ainda sob o impulso da imitação das formas, influenciado por uma mistura de referências que ia das histórias em quadrinhos até *A volta ao mundo por dois garotos*, de Henri de La Vaux. (Ainda estava muito longe o dia em que a leitura de *O senhor das moscas*, de

William Golding, iria fazer, na cabeça adulta, um contraponto ficcional chocante ao meu pequeno humanismo.) Detonado com justiça pelo editor (mais pelo texto ruim do que propriamente pelo ideário proposto), venci o primeiro choque da crítica e fui adiante. O segundo romance (*A máquina imprestável*) era uma ilustração pedestre, aqui e ali em prosa poética, das teorias mais ou menos místico-rousseaunianas que eu vinha absorvendo como esponja: uma máquina gigantesca destinada a arrasar uma pequena cidade acaba se atolando e se transforma, se me lembro bem, numa favela multicolorida, tomada pelos habitantes. Uma sucessão de clichês e boas intenções — soprava um vento do realismo fantástico sul-americano, então na moda — corroía impiedosamente o texto, o que até eu percebi, ao terminar a história. Nem cheguei a mandar a ninguém — ninguém leu este livro.

Houve ainda um terceiro calhamaço, *A televida*, que desenvolvia o roteiro de um aprendiz de Saramago: pela invasão da televisão (eram os anos do surgimento e da expansão da Rede Globo pelo país inteiro, com o seu extraordinário padrão técnico de qualidade), todos estavam ficando cegos e surdos na antiga cidade feliz, microcosmo de uma utopia possível; um solitário terrorista do bem (naquele tempo, essa entidade ainda parecia possível, ou pelo menos ideologicamente compatível com algum ideário humanista) explode a antena repetidora e, sem televisão, todos voltam a ver e a enxergar com clareza, e a conversar na calçada, para felicidade geral. Não há talento verbal capaz de transformar essa tolice em boa literatura, mas eu achava que sim. Enviado o original ao Caio Graco, recebi inesperadamente uma resposta encorajadora: o livro é bom, mas o começo está arrastado. Que tal refazer a primeira parte?

O que deixaria qualquer aspirante a escritor a dar pulos de alegria, naqueles tempos em que ser editado era quase sempre um favor generoso que as editoras faziam a seus autores, não surtiu efeito em mim. Eu já pressentia, desconfiado, ao reler o livro um mês depois, que aquilo era muito ruim (perdão pela palavra, mas ela dá ideia do meu estado de espírito ao fechar o livro, olhar para o teto e suspirar: *isso aqui é uma merda*). Mais um sinal de que avançamos aos saltos — o que eu precisava não era aprimorar o que eu fazia, mas nascer de novo como escritor. Abandonei aquele romance. Lembro com alguma nitidez de ter verbalizado (em torno de 1973 ou 74) a ideia de, enfim, "aprender a escrever". Nenhuma página minha até então parecia ficar em pé. Leitor impiedoso de mim mesmo, comecei a achar que era um outro que escrevia aqueles romances: eu não me via mais neles. E comecei a escrever contos que eram excruciantemente reescritos e retrabalhados. Quando digo que jamais escrevi com facilidade não estou fazendo média com a minha história. Restava sempre um fosso intransponível entre o que parecia a limpidez luminosa da minha imaginação e as ruínas que eu conseguia colocar no papel, palavra a palavra, como uma velha fotografia faltando pedaços e remendada com um lápis rombudo.

Isso me leva a um conceito-chave da minha vida literária: realismo. A palavra é grande demais para que me atreva a defini-la, mas sinto um mal-estar irritado quando leio alguém jogar pedras no "realismo" como o grande vilão da modernidade. Em geral, trata-se de um inimigo imaginário que não está em lugar nenhum, exceto em cadernos escolares tentando definir em uma tacada didática e simplória, para fins de sala de aula, o "romance do século XIX". Essa opinião, muitas vezes apresentada de forma tacanha, quando não presunçosa, confunde diferentes instâncias da criação literária, como se fossem todas farinhas do mesmo saco: confunde categorias puramente gramaticais, envelopadas na ideia de narrador onisciente, com categorias semânticas do *saber* que a narração abrange (o que o narrador sabe? no terreno das ideias ou no terreno dos fatos?). Desconsidera-se, igualmente, o impulso mimético da representação (moral, fotográfica, panorâmica, íntima, psicológica), que é parte fundamental e inseparável de todo texto literário, de Homero até hoje, e a concomitante arquitetura de tempo e de espaço, a "razão do olhar", que é valor indissociável de toda enunciação literária em prosa. Podemos dizer que todo texto prosaico se articula sobre um *duplo princípio de realidade e de construção de realidade*, e narrador nenhum pode fingir que não está ali, entre dois mundos. A obsessão antirrealista, uma espécie de fantasma incapaz de definir seus termos, foi um mantra dominante a partir dos estudos pós-modernos que nasceram no grande movimento contracultural dos anos 1960. Só agora, é uma esperança, começa a se esgotar.

A asfixia do espírito da prosa que se seguiu, além do desejo histórico universal de suprimir toda a diferença no mundo, que pairava soberano no tempo, usou como corda da forca o relativismo pós-moderno, que nos coloca em lugar nenhum. Morto o sujeito e o sistema de valores que o deixava em pé, a prosa se esvai. Era preciso também — a palavra é engraçada — "denunciar" a mentira literária que finge ser verdade o que não é, como se o leitor fosse um eterno idiota a ser tutelado e levado pela mão por escritores que vão lhe ensinar o caminho da verdade verdadeira (*veja bem, isto é só um personagem, não uma pessoa; perceba como a emoção é de papel; observe como isto não é um cachimbo*). É incrível como uma pauta tão simplesmente estúpida tenha tido uma carreira tão longa, ao destroçar, em tudo que tocasse, qualquer sinal de empatia ou referência sólida de valor, a partir da qual a narrativa pudesse ganhar alguma perspectiva além de seu jogo interno, ou pudesse estabelecer uma ponte com o real que incluísse o sujeito concreto do texto.

No fundo, parecia soar uma espécie de sofisticada intenção didática, unilateral, diretamente vinda da sala de pós-graduação; a literatura existia para demonstrar teses da linguagem, que seriam a sua verdadeira *especificidade*. Durante quase duas décadas, a literatura brasileira de algum prestígio oficializou-se, pela via de um discurso poético estrito, centralizado, que engloba todo o conceito de arte literária. Sem prestígio, o espírito da prosa remanescente, o desejo de narrar vozes alternantes não polarizadas que façam uma ponte complexa, em fatos e ideias, com o mundo real, sem apagar o sujeito, parecia não encontrar mais bons artesãos à altura de suas exigências, todos definitivamente cooptados no serviço de transformar a mínima sombra do valor prosaico num poema disfarçado, no torneio de uma peça unívoca, na demonstração autocentrada de um jogo lapidar. A prosa morre.

Há como que um horror de partilhar a célebre e hilariante maldição de Valèry, que jamais seria autor de um romance por não poder escrever a frase "A condessa saiu às cinco horas". Com um saboroso golpe de mestre, a incompetência prosaica de Valèry se tornou imediatamente um decreto intelectual com força de lei a esmagar sem piedade a mínima intenção prosaica, que só pode existir, em último caso, como paródia ou visível ironia, com uma grossa capa escarmentada e isolante, em que apenas e unicamente a voz do narrador (transformado à força em poeta) brilhe. Os outros desaparecem, transformados, quando visíveis, em objetos verbais.

O medo subterrâneo do realismo, ou de uma intervenção realista (para ser mais preciso), e de suas brutais exigências técnicas (e igualmente importantes exigências axiológicas), o medo da contraposição prosaica que seja também uma entrada viva no mundo concreto, o medo enfim de sair da casca e respirar de fato o tempo histórico multifacetado que se vive, alimento fundamental do espírito da prosa, parece não ter resistido entre nós ao corte radical dos anos 1960. A prosa desaprendeu-se, e só trinta anos depois começaria enfim a reaprender-se, sob as coordenadas de um novo tempo.

25

Conciliação e escapismo: talvez nesses dois conceitos cruciais da cultura brasileira possamos ver a sombra acolhedora em que se refugiou a nossa utopia poética, transplantada dos sonhos a um tempo rousseaunianos, místicos e, em sua face política, explosivos da alma da contracultura. Uma das características centrais do estilo poético em sentido estrito (volto aqui a Bakhtin) é o seu poder de apagamento de vozes concretamente distintas a favor de uma centralização mítica da voz do poeta, que faz até mesmo de sua própria dúvida, quando existe, uma dúvida "indubitável".

(Parêntese: antes que me joguem pedras pelos motivos errados, a definição acima nem remotamente é um índice de valor ou qualidade; é apenas um dos traços definidores da linguagem poética que, se Bakhtin tem razão, se encontra em partes iguais no melhor e no pior dos poemas.)

Como metáfora, algumas heresias talvez façam sentido: o poético concilia, pelo silêncio que exige; o prosaico desagrega, pela resposta que provoca. A partir dos anos 1960, no Brasil, não era mais apenas o objeto literário que estava em jogo. A ditadura e a sua polarização totalitária, ressoando, por sua vez, com os sinais trocados, na polarização mundial, mais as respostas inevitavelmente chapadas que essa duplici-

115

dade universal excludente provoca, mais a lenta, gradual e segura morte da política cotidiana e da ágora como valor e representação da diferença, levaram toda a prosa que ainda houvesse à solta a se refugiar na poesia e esconder-se nela. O meio ambiente, digamos assim, era também extremamente favorável, pelo ideário (de ressonância ainda *beatnik*) da libertação do indivíduo, contra todo e qualquer constrangimento social e familiar, e a favor unilateralmente de seus direitos totalizantes. Uma geração que, em seus poucos anos de vida, queria muito falar (e falava muito) e que já parecia cansada de ouvir. O prosador em cacos, adolescente perpétuo, tenta se adaptar ao casulo poético que não é seu, mas que elege como refúgio e escape.

(Parêntese: se há um escritor que, em meados dos anos 1950, já antevia intuitivamente a apoteose brasileira desta fusão da prosa com a poesia, em todos os níveis de significação, do mais ínfimo índice lexical aos grandes blocos de sistemas de valor, com um efeito mítico conciliador e centralizador como nenhum outro da nossa história, esse escritor será Guimarães Rosa. Todas as vozes resultam domesticadas sob a regência do narrador rosiano, alguém que é, ao mesmo tempo, e fiel ao seu ideário, o começo e o fim de uma linguagem que vê a si mesma como encontro único de linguagens. O mundo inteiro se refugia ali. Se o discurso épico não é mais possível no universo da modernidade urbana, porque todas as suas indispensáveis premissas de valor foram implodidas, e só pode subsistir no heroísmo cinematográfico infantil, no simulacro *kitsch* ou no escracho da paródia, o prosador-poeta, para fugir da armadilha, refaz o cenário do mundo, isola-o em cada frase, sentido e sintaxe, da invasão desagregadora dos outros, e, seguro em seu palco de artifício, encena o épico.)

O fracasso de meus três primeiros romances deveria acender a luz vermelha do meu suposto talento, o que de fato aconteceu. Desistindo deles antes mesmo que fossem lidos, decidi "aprender a escrever". Um olhar de fora talvez dissesse que seria o caso de desistir em definitivo e tomar outro rumo, porque nada naquelas três tentativas indicava alguém com qualidade literária minimamente sustentável (para usar uma palavra da moda), embora no meu convívio diário eu parecesse aos outros um adolescente entusiasmado, que lia tudo e era capaz de discursar com paixão e aparente propriedade sobre qualquer coisa. (Há milhares deles em toda parte.)

Mas, por uma inexplicável conspiração da realidade contra mim, acabava por escrever textos ideologicamente primários, literariamente imaturos e tecnicamente sofríveis. Eu continuava tropeçando-se em corpos rubramente mortos e semideitados, defendendo uma utopia isolante e regressiva de nuvens singelas e belas que sequer tinha o charme da urgência política, tudo desamarrado em narrativas capengas a serviço de mensagens redentoras. Ao reler a mim mesmo, apenas dois ou três meses depois, sentia a dolorosa fragilidade do meu texto, a sua carência de tudo. A distância entre a imagem e a realização parecia cada vez maior.

Quero me deter um pouco neste momento.

Porque havia uma cisão literária na minha cabeça que só percebi anos depois. Eu havia determinado uma corrente "séria" da minha literatura e do meu projeto de escritor, à qual pertenciam meus romances gorados. O primeiro fracasso, antes mesmo de considerar a visão de mundo e a orientação ideológica de meus textos, era evidentemente técnico. O que se chama difusamente de "realismo", às vezes com a ligeireza de quem se refere irônico a velheiras descartáveis, tem uma exigência técnica refinada, que filia cada frase que se escreve a uma tradição poderosa, da qual quem quer que se meta a escrever, queira ou não, é caudatário. Fazer um personagem se levantar da poltrona, dar cinco passos inseguros através de uma sala na penumbra, e, com medo, abrir uma porta, não é jamais um trabalho simples. Qualquer candidato a escritor de língua inglesa sabe disso. Antes mesmo de escrever a primeira palavra, o bom narrador de herança realista sabe onde "colocar a câmera", por assim dizer; sabe estabelecer o olhar que redesenha o mundo para partilhar uma experiência necessariamente ambígua no quadro de uma hipótese literária.

Mas, por um desses mistérios da história, criou-se por aqui, nos estamentos intelectuais de prestígio, especificamente no Brasil, como uma sombra residual do clássico escapismo português, uma enraizada aversão à narrativa de raiz anglo-saxônica; uma aversão, aliás, que viceja curiosamente entre os escritores e críticos, mas não entre os leitores, aliás muitas vezes os mesmos juízes antirrealistas, que consomem de Jane Austen a J. M. Coetzee, de Philip Roth a Ian McEwan, com o imenso pacote histórico-realista que vem junto, em abundância e invejável deleite. Nem o fato de Machado de Assis ter bebido profundamente dessa tradição inglesa, para dela extrair e amadurecer o peso de sua visão de mundo, resultou em alguma consequência. (Tudo que lembramos é Laurence Sterne, como se Machado, ao lê-lo, estalasse os dedos, gritasse "heureca!" e se transformasse imediatamente em outro escritor.) A nossa corrente "poética", por assim dizer, foi sempre muito mais forte, desde que a obra de José de

Alencar fundou a narrativa brasileira, dando-lhe a sua pauta ideológica e seu repertório estético. Na literatura, somos muito mais o país das Iracemas que o país das Capitus.

Onde colocar a câmera: há um eixo do olhar narrativo que toma a si mesmo como referência séria (isto é, axiologicamente não relativa), em torno do qual o mundo se organiza, estabelece valores (valor no sentido completo, da tábua moral da sociedade à escolha ética do indivíduo, com tudo que germina entre uma coisa e outra), e uma voz generosa, que não se confunde com a voz do autor, mas dele se destaca para lhe dar perspectiva, que é a essência do espírito da prosa.

Corre uma ideia grandiloquente, e repetida sem pensar pela inércia crítica da aparência, de que o romance derivou da epopeia; e a tradição de entender a narrativa como, basicamente, uma mera costura de tramas fez essa ponte falsa mas suave. Bakhtin lembra que será bem mais produtivo procurar a origem da prosa romanesca nos diálogos de Platão, a partir do próprio conceito de diálogo; nele, a narrativa encontra sua razão de ser, justifica sua existência, pelo enfrentamento de pontos de vista ativamente conflitantes. Mais que isso, há no diálogo clássico a pressuposição de um homem inacabado vivendo um momento presente ao qual tem de dar uma resposta. A *elevação*, e o seu poder mavioso de apagar a diferença por mais brutal que seja, elevação que é a alma do espírito épico, na prosa tem um limite intransponível — a prosa romanesca precisa desesperadamente do chão, e de sua linguagem menor, para respirar.

Voltando ao chão: a minha pretensão de domínio realista, tomada de empréstimo do mar de leituras europeias e americanas que eu fazia e que elegia como referência e preferência, esbarrava não só na minha incompetência ou imaturidade técnica, a frase capenga, o homem que se ergue da poltrona e parece incapaz de atravessar uma sala e abrir uma porta sem antes se perder, barroco, na desimportância arrogante de seus sonhos poéticos, os passos cheios de pose e palha; não era apenas uma questão técnica, a técnica que fazia babar os imitadores de Hemingway, a ideia simplista de que a frase curta e elíptica, aquele jeito *blasé* de quem está cansado de guerra neste mundo absurdo e sem sentido, seria apenas um domínio avulso e lapidar da palavra, objeto de admiração ornamental; imagina-se que é só técnica o que de fato é o resultado de uma civilização inteira que se revela e respira pelo texto.

Sim, comemos de tudo, antropófagos, como queria Oswald de Andrade, mas a digestão literária é pesada e excruciante. O espírito do realismo não é uma técnica da frase nem o fantasma herético, ou apenas ridículo, de um narrador onisciente caçado sem tréguas pelo sentimento crítico retromoderno; é uma visão de mundo, um pacote inteiro de representação da realidade que pressupõe o poder máximo da prosa, um homem incompleto e desenraizado, e, enfim, uma viva cultura urbana (e todo o sistema de valor que lhe é correlato). Um candidato a realista enterrado no sonho rural, regressivo-messiânico de Antonina, era uma contradição absurda. Faria melhor se disparasse em direção contrária, esforçando-me por apagar a realidade ou me esconder dela.

26

Insisto ainda naquele momento da minha vida e na cisão que eu vivia, porque desconfio de que lá haja alguma chave que possa me servir. Se, como escritor, eu me resumisse, me limitasse ou me aferrasse àqueles três quase romances, estaria morto. E o sentimento de morte literária acaba por matar ou aleijar o seu autor, arrastando pela vida seus fantasmas, num projeto sem álibi, porque afinal foi ele mesmo que escolheu. Mas há sempre uma saída para a asfixia ideológica que nos transforma em objetos, que é o humor. O humor é uma das faces mais inescapáveis da vida, e, considerando seu espectro imenso, do escracho demolidor e carnavalesco no meio da rua à ironia discretíssima entreouvida num jantar de talheres de prata, ou do escárnio agressivo de dedo apontado à risada saborosa ante uma piada de engenho, estamos sempre vulneráveis a ele, como autores, vítimas, intermediários, agentes e pacientes.

Para não tropeçar onde não sou chamado em algum DNA do humor que se distribuiria aleatoriamente por força da biologia e não da cultura (há muita pesquisa séria nessa área cinzenta), bastará dizer que o humor é um estado de espírito — para a minha ambição imediata, será suficiente. E é, também, um substrato eficientíssimo da linguagem, obviamente também ele sujeito aos humores da cultura e suas tábuas de valor. Até onde me lembro, olhando para trás, sempre fui um ser ridente, pronto à piada, ao prazer da *"gag"*, a uma certa volúpia do ridículo alheio e, quando objeto do humor (o que continua frequente), como que absorvia defensivo a autoimagem vinda de fora para um catálogo de uso próprio. Dar um certo *status* ao próprio ridículo é uma arma que domino bem. Por algum mistério, o humor foi parte fundamental da minha formação e do meu jeito de ser.

Como é um campo rigorosamente sem limites, o humor define não só o comportamento pessoal mas também as marcas de uma cultura e de uma sociedade; é impossível um humor monológico; há sempre um outro fazendo escada. E nenhum estudo sobre esta difícil abstração chamada "homem brasileiro" poderá desconsiderar a natureza de seu humor. Parece que todo brasileiro atento, ao sair do país, percebe rapidamente as perigosas nuances de sentido das nossas ironias cotidianas, a volátil literalidade da nossa palavra diária, os perigos do humor como estratégia de aproximação, que tem um emprego clássico no Brasil, ou seja, um conjunto de traços nossos que acabam por esbarrar em outro conjunto de traços dissemelhantes, quando nos vemos diante de um inglês, um português, um alemão. O histórico isolamento brasileiro do resto do mundo também não favoreceu uma sintonia mais fina dessas diferenças, que parecem surgir do céu.

Se posso lembrar as influências do meu humor, começo por uma singela cena de circo que vi quando criança — um garçom bêbado tentando levar um prato de macarrão até o freguês severo sentado à mesa a 5 metros dele, tarefa de uma dificuldade medonha que desenha no picadeiro um sem-fim de piruetas, poses que se desmontam, passos que não obedecem, braços que tentam manter a dignidade na vertical e o prato na horizontal, um fracasso tão estonteante quanto impávido; é como se aquele momento puramente visual, pelo riso ao mesmo tempo demolidor e compassivo, me desse um olhar sobre o mundo e uma estética possível (mas, é claro, isso refaço agora, passando a limpo o que eu via; no princípio, era apenas o riso, interminável e feliz). Aquele gênio anônimo se gravou para sempre na minha retina.

Uma influência marcante na minha visão de mundo e no meu humor (ou, dizendo melhor, no meu estado de espírito), ou, para retomar uma imagem que usei há pouco, alguém que mostrou com agudeza desconcertante onde focar a câmera quando se olha em torno, esse princípio fundamental da observação, foi Millôr Fernandes, que, como milhares e milhares de brasileiros letrados, acompanhei desde criança no *Pif-Paf*, mais tarde no célebre *Pasquim*, dali durante décadas nas páginas da *Veja*, e finalmente no seu sítio na Internet. Tudo que ele escreveu e desenhou, das deliciosas "conpozissões imfâtis" às fábulas fabulosas, me interessava, uma pura fruição; aquela gigantesca cosmogonia de frases, cores e traços que eu absorvi durante mais de quarenta anos, a implacável verruma política, seus lirismos inesperados, o prazer da imagem e da cor dando forma a surpreendentes delicadezas verbais, foi com certeza deixando marcas culturais nítidas no meu olhar. Nada muito especificamente "literário" (nenhum gênero será mais avesso à arte de Millôr do que a simples ideia de um romance; já o teatro, em vários momentos foi para ele um veículo importante de sua criação verbal) — é simples (*simples?*) jeito de ver e pensar o mundo mesmo, dia a dia, no seu duro e indecifrável fragmento cotidiano; uma espécie de defesa da inteligência contra o imprevisível, que é a substância do tempo. E, como domínio da forma, o seu texto, o seu traço e a sua cor instituem uma persona única e representam por si sós uma educação do olhar.

Um outro pano de fundo daqueles tempos, na virada dos anos 1970, pano de fundo intelectualmente mais raso, por sua própria natureza, mas de modo algum desprezível por seus efeitos, era a nascente televisão brasileira em rede nacional. A casa comunitária de Rio Apa, em Antonina, dispunha de um pequeno aparelho em preto e branco, com seus fantasmas e seu bombril pendurado na antena. Era uma introdução à modernidade pelas beiradas, no mesmo espaço em que jamais se instalaria um telefone, então um luxo tão descartável quanto inacessível. O horror estético-ideológico da nossa comunidade de teatro às novelas ("naturalismo miserável", "alienação consumista", "melodrama barato", "lixo estético") não impedia que aqui e ali se acompanhassem os folhetins com o rabo dos olhos e quase sempre com um fascínio envergonhado pelos folhetins e seu intrigante ímã narrativo, o que se apreciava equilibrando sentimentos contraditórios entre a crítica azeda e o mal disfarçado desejo de ver o próximo capítulo.

De certa forma, reproduzíamos em pequena escala um sentimento nacional ambíguo (na estreita parcela letrada e formadora de opinião dos brasileiros, bem entendido) entre a irresistível atração pela novidade tecnológica e cultural que a televisão passava rapidamente a representar, numa escala jamais vista, e sua vinculação, tanto real (institucionalmente) quanto muitas vezes apenas imaginária (na sua realização artística, em parte substancial na mão de criadores de qualidade), à consolidação da ditadura militar brasileira. Mas novelas como *O bem-amado* e *Saramandaia* acabavam por soar como estranhos contrapontos ao suposto apocalipse da dominação tecnoideológica. Era muita coisa acontecendo ao mesmo tempo, no Brasil e no mundo.

(Parêntese: de qualquer forma, com a rápida abertura tecnológica da televisão em rede, nos anos 1970, levando a tevê aonde o livro jamais chegaria, ocorreu exatamente o contrário do trágico fechamento à invasão da informática nos anos 1980, com o desastre da reserva de mercado à produção de computadores, um protecionismo bisonho que atrasou o país em pelo menos uma década, pelo analfabetismo digital que se seguiu ao já histórico analfabetismo funcional de vasta parcela da população.)

Para fechar esse ponto, lembro ainda os programas de humor da televisão, em particular o carrossel de personagens de Chico Anysio, a partir de 1973, no seu *Chico City*, que eu via com imenso prazer, impressionado com a mudança de personalidades, falas, trejeitos, detalhes preciosos que o talento de Chico punha em cena. (Não me agradava apenas o personagem "profeta", pelo seu discurso místico-moralizante, que eu pressentia fosse espelho do próprio Chico Anysio, mas não sei se esse personagem já constava do repertório daquele primeiro programa; talvez eu esteja misturando as datas.) De qualquer forma, aqueles *outros* em cena, cada um com sua própria linguagem e sistema de referências, me pareciam conservar um resíduo essencial da linguagem romanesca.

Os anos 1970 foram assim ao mesmo tempo uma iniciação fragmentária e o interregno televisivo da minha vida; depois da viagem à Europa (onde jamais assisti televisão, mas via cinema quase todos os dias), passei anos praticamente sem televisão. Com o crescimento da Internet, ela acabou quase que desaparecendo para mim, pelo menos no seu consumo tradicional — restou o aparelho como monitor de ver filmes, jogos do Clube Atlético Paranaense, que acompanho toda semana, e noticiários eventuais via televisão a cabo.

O humor: o que me pergunto é por que ele estava tão completamente ausente dos meus três pré-romances, ou, se aparecia, era um humor precário, de gravata, intimidado, congelado em mensagens, um humor dolorosamente inábil, como se ele também sofresse do mal que impedia o personagem de simplesmente levantar da poltrona, dar três passos e abrir uma porta.

Mas havia uma válvula de escape, totalmente lúdica, que nem de longe eu sonhava ser propriamente literária — e, no entanto, aquilo era a única prova de que eu ainda poderia, quem sabe, me tornar um bom escritor. Em 1972 ou 1973 (não importa — minha sensação é de que entre 1969 e 1975 tive sempre a mesma idade), inventei uma novelinha caseira chamada *Sopa de legumes*. A comprovação de que eu não fazia aquilo a sério está no simples fato de que escrevia o texto diretamente à máquina. Colocava no rolo duas folhas com papel-carbono e, de um jato, escrevia capítulos de cinco ou seis páginas (o texto sempre terminava na última linha da página, de modo a não deixar nada em branco e aproveitar bem o papel), inventando o cotidiano da própria comunidade de teatro. Todos os personagens (digamos assim) tinham os nomes reais, inclusive eu mesmo. A *Sopa de legumes* era uma sátira mais ou menos demolidora de todo mundo, a começar pelo nosso guru, passando por todos os atores e terminando por ridicularizar a mim mesmo, definido repetidamente pela voz do mestre e daí pelo narrador, sempre, como "o Cristovão, o outro autor do grupo". Em outras cenas, eu era capaz de todas as canalhices para chamar a atenção de uma atriz da comunidade, que aliás mal olhava para mim, na novela e na vida real.

O argumento narrativo daquele desfile de caricaturas era a chegada de um novo ator que batia à porta da comunidade pedindo para participar do grupo. Chamava-se "Romu", abreviatura de Romualdo. (O nome que inventei, a única figura "ficcional" da novela, tinha alguma relação com um xarope que alguns costumavam usar para efeitos alucinógenos, mas não recordo mais dos detalhes.) O personagem ficou tão popular entre nós que, alguns meses depois, quando de fato apareceu um novo candidato a ator para trabalhar no grupo, ele imediatamente foi chamado de Romu, apelido que durou anos a fio.

Na novelinha, o novo ator sofria todo tipo de humilhação e situações constrangedoras diante da arrogância agressiva do grupo. Cada um ali era portador de um defeito de caráter, de uma intenção subterrânea, de um duplo disfarçado, todos vítimas de narcisismos invencíveis e inseguranças brutais. O ridículo (em momentos apenas o grotesco envelopado em mau gosto) e a pretensão mais ofensiva transpareciam em cada gesto. O humor era rasteiro, às vezes pesado, mesclado aqui e ali com passagens apenas ingênuas, entregue frequentemente a soluções fáceis e trocadilhos bobos, e se debruçava com alguma atenção nos monólogos, nos atores em solidão pensando em como poderiam se sair melhor, aparecer mais, receber mais atenção do guru ou esconder fracassos. Do ponto de vista moral, o narrador não fazia nenhuma concessão e ali rigorosamente nada e ninguém era "positivo".

Pensando à distância, percebo que naquele exercício eu acabava fazendo uma catarse às avessas, ainda que isso não me fosse claro — o texto era sentido por mim, quase que ingenuamente, como uma simples brincadeira; mas revendo algumas vezes a *Sopa de legumes*, com intervalo de alguns anos, fui percebendo cada vez mais nas releituras, pela força crescente do distanciamento, que não havia nada de ingênuo ou simples no texto. Valor literário à parte — que era nenhum —, restava uma espécie de caráter inconsciente do narrador que transparecia por insuspeitados subentendidos. Como num palimpsesto fantasma, as frases parecem agora revelar atrás daquela risada solta um pequeno e insidioso candidato a Dorian Gray. Escritores não são boas pessoas, era o que eu passei a concluir com relação a mim mesmo.

Eu era movido também por um desejo mais ou menos adolescente de agradar, plenamente correspondido — como jamais acontecera com nada que eu houvesse escrito até então, a verdade é que aquelas páginas eram disputadíssimas pelos leitores-personagens, e todos riam muito. Eu ouvia algumas reclamações pontuais, que aliás acabava colocando no capítulo seguinte, como um *reality show* movido a risadas, o que talvez desestimulasse novas reclamações. Um exemplo: sobre um vizinho que tocava violão e que participava esporadicamente de peças do grupo, fazendo a música, criei uma cena em que ele canta uma canção para uma roda de atores, que ouve em silêncio até o fim. Depois das palmas, o novato Romu faz um breve comentário crítico, diante do pasmo geral pela sua coragem, o que leva o músico a erguer-se, gritar furioso contra o atrevimento e a quebrar o violão na cabeça daquele "idiota", saindo bufando dali. No outro dia, o amigo músico leu o capítulo e reclamou, com alguma irritação, que eu o havia representado "muito violento", um mote que imediatamente incorporei às cenas em que ele aparece de novo.

Se aquilo tivesse alguma qualidade literária e chegasse um dia a ser publicado, eu seria imediatamente proscrito e processado por infringir, incansável, todos os limites do que se diz politicamente correto. É verdade que essa expressão nem existia em 1972, embora a ideia subjacente a ela começasse a ganhar presença. Eu seria acusado de sexista, com certeza absoluta, e talvez de racista, por um leitor mais zeloso. Neste caso, o exemplo era o personagem chamado de Negão — aliás, era assim que o ator caricaturado no texto era normalmente chamado por todos desde que o conhecemos; era o seu apelido. Para um brasileiro da minha geração, que aprendeu a ler pelas páginas de Monteiro Lobato, que viveu na pele a turbulência de um Brasil agrário começando rapidamente a se urbanizar e que tinha em Pelé um símbolo monumental da cultura brasileira (como é até hoje), era preciso um bom esforço de abstração política e social para ver nisso um sinal óbvio, ou ofensivo, de racismo. O universo da cultura brasileira sempre teve, nessa difícil área cinzenta, especificidades absolutamente únicas no mundo. Na novelinha, Negão era apenas o nome do personagem, como o ator de fato era chamado normalmente na vida real. Mas, ao ver-se por escrito, ele me pediu que eu mudasse o nome, e o narrador imediatamente passou a designá-lo pelo nome e sobrenome reais, o que deu um estranhamento irônico (havia outro personagem — este branco — que muitas vezes também era chamado pelo sobrenome, quando evocava, fazendo alguma pose meio rota, a importância de sua genealogia; e o próprio guru Rio Apa, bisneto de um barão, levava fustigadas pela nobreza perdida). Hoje, certamente, seria feita uma leitura racista desse detalhe, o que, pensando nas circunstâncias da criação do texto, é um rematado absurdo, até porque não havia nenhuma consciência, no grupo, de que alguém precisasse de tutela. Mas, pensando daqui, o incidente traz à tona a simples percepção de que chamar um branco de "polacão" e um negro de "negão" não será valorativamente a mesma coisa num mundo de cultura branca dominante. Ou, dizendo de forma mais precisa, em situações análogas hoje, pelo processo civilizador brasileiro das últimas décadas, teria sido eliminado já na origem o apelido potencialmente estigmatizante; o contexto original deixaria de existir. Houve uma mudança substantiva, para muito melhor, no quadro mental cotidiano da nossa representação racial.

    De qualquer modo, a novelinha não chegava a ser literatura, até porque apenas os próprios atores seriam capazes de entender a história, se é que havia alguma, e as piadas. Do tipo: o ator-personagem entrou na sala "com seu cabelo de gilda" — assim, com minúscula, na pressa da datilografia. "Gilda" era o nome de sua cadela *cocker spaniel*, informação que um leitor de fora não encontraria em nenhum lugar do texto.

    Um detalhe qualquer acontecido num ensaio um dia antes entrava imediatamente na história, sem maiores explicações ou descrições, por desnecessárias. Uma discussão de bar, à noite, com um professor da cidade, ganhava uma cena rabelaisiana no capítulo escrito na manhã seguinte·

    — O Cristovão não tem o mínimo de visão histórica. Ele é metafísico e eu sou dialético. A dialética engloba tudo, é científica. Eu sou um cientista, e não um visionário. E é através do marxismo-leninismo e da dialética que eu como essa mulherada toda da cidade, desculpando a presença das mulheres aqui.

    Disse, coçou a barriga na borda da mesa e chupou o dente, cuspindo um pedaço de palito, que foi dar direitinho no olho da Fulana. Ele deu uma gargalhada:

    — Pouco bom de mira, hein?? É por essas e outras que eu sou o bom! Só falta fumar Mistura Fina, como na propaganda.

Mistura Fina era uma marca de cigarros da época. A cena prossegue em torno da mesa, com o grupo inteiro se debruçando sobre a vítima para lhe tirar o palito do olho, enquanto o ator mais forte do grupo, segurando uma eterna bola de futebol com a mão esquerda, esmaga-lhe o braço com a mão direita, estimulando: "Aguente firme! Seja homem!" Enquanto isso, alguém comenta indiferente as vantagens do uísque:

> Uísque é um barato. É alimento macrobiótico, sabe? É feito de cereal, assim cereal ou soja, não sei bem, mas eu ouvi falar que é bom, aqueles monges lá do oriente, lá onde fica a Europa, eles tomam uísque quando fazem aqueles jejuns católicos lá deles, é o maior barato.

Se não chegava a ser literatura, poderia dizer que era — o termo que me ocorre é um pouco afetado — uma *intervenção literária* curiosa. Infelizmente, não tenho as datas, mas imagino que a *Sopa* durou um ou dois meses, chegando a 64 páginas cheias de texto em espaço um, praticamente sem margens. No último capítulo (último apenas porque súbito interrompi o texto, não porque houvesse o mínimo sinal de alguma finalização narrativa naquelas páginas), o principal ator do grupo (na verdade, o único profissional entre nós), no meio de uma das aulas de ginástica dramática, pelas quais ele era de fato responsável, ao fazer um movimento chamado de o "espreguiçamento do gato" tem seu macacão completamente rasgado, ficando nu. Para não dar o braço a torcer, diante do escárnio vingativo, provinciano e esmagador da trupe de atores, ele finge britanicamente não ter acontecido nada ("Que mal há num homem nu? Isto mostra todos os vossos condicionamentos. Nada me deterá! Avante! Mostrai ao povinho quem sois!") e desfila nu pela cidade, simulando uma pose de Laurence Olivier, seu herói secreto, evocado em recorrentes monólogos shakespearianos que sussurrava diante do espelho.

O estranho, ou apenas engraçado, é que, terminado o capítulo entre risadas — sempre ri sozinho ao escrever —, passava adiante as duas cópias, que logo corriam de mão em mão, guardava a máquina, e pegava minha caneta e meu sagrado caderno de folhas manuscritas para então "escrever literatura". Eu imaginava que apenas ali, no esforço da escrita à mão e naquelas narrativas cheias de mensagens, estava meu talento; o resto era uma brincadeira inconsequente feita para satisfazer meu narcisismo. Faltou alguém para me dizer que, se eu tinha mesmo algum talento, ele se revelava inteiro na *Sopa de legumes*, não na pretensão daqueles projetos cheios de pose.

Na *Sopa*, de fato, eu exercia um tanto inconscientemente uma espécie de contradiscurso à minha própria vida; amparado pelo riso, que protege, desmontava a seriedade quase religiosa do projeto comunitário, desarticulava a sua suposta coerência, contestava pelo ridículo ou grotesco todas as autoridades, a partir do próprio guru (mas não somente ele), via a mim mesmo sem máscara idealizante nenhuma (é muito provável que como estratégia compensatória de defesa prévia, mas o resultado era igualmente ridículo) e reduzia a convivência comunitária a uma guerra surda de intransponíveis solidões (engraçada, mas uma guerra). Sob o olhar do narrador — aliás, onisciente —, todos estavam angustiantemente sós na comunidade. Em suma, encontro na *Sopa* hoje, em puro e tosco embrião, o que (imagino) seria a alma de tudo que escrevi na minha vida madura: um olhar realista (no sentido não necessariamente literário do termo), atento ao instante presente, à observação e à percepção dos outros, mimético na rapidez (e rispidez) dos diálogos e consciente das diferenças de linguagem e pontos de vista; também está ali (o que eu perderia durante muitos anos) alguma discussão indireta, ficcional, de ideias, um certo enfrentamento conceitual, mas sempre blindado pela risada paralisante. Os conceitos de "teatro popular" e de teatro "de elite", por exemplo, são satirizados frequentemente, já que eram temas de discussão diária dentro do grupo. Num momento, o visitante Romu, "fazendo ar de entendido", diz:

"Eu acho que Ariano Suassuna tem muito do teatro de vocês, assim... quer dizer, emendou ele, percebendo que tinha dado um fora" — e, ao ouvir aquilo, Rio Apa caía desmaiado no chão, para consternação geral, enquanto o escritor oportunista aproveitava a deixa: "Meu caro, discursava Cristovão, o fim último e inexorável do teatro ocidental é Samuel Beckett! E fim! Não tem mais nada! Acabou aí todo o refinamento decadente do teatro convencional!" E Romu pergunta: "Bé o quê?" Romu vai diminuindo de tamanho ao longo da história, como o incrível homem que encolheu.

Havia, é claro, ecos psicanalíticos em toda parte. Talvez mais exatamente freudianos. Uma das leituras mais impactantes que fiz no início dos anos 1970 foi *A interpretação dos sonhos*, de Freud, de uma edição das obras completas em espanhol, que para mim teve o efeito de um romance policial de primeira linha, um refinado Sherlock Holmes capaz de desvendar todos os nossos crimes antes mesmo que se manifestassem. A equação freudiana de que o sonho seria a realização deformada de um desejo reprimido pareceu-me a pedra filosofal da alma, à qual acrescentei uma lista de sonhos típicos recorrentes, mais a onipresença temática do sexo, que naqueles tempos reprimidos em via de implosão total tinham, digamos assim, um tempero sociopolítico diferenciado. (Um pouco mais tarde, a leitura de *A função do orgasmo*, de Reich, daria uma ordenação quase bíblica à liberação existencial através do sexo.) Mas Freud não era exatamente bem-vindo no espírito da comunidade, e não foram poucas as discussões que o discípulo mantinha com o mestre, leitor e admirador de Jung, sobre a oposição entre esses dois gênios. Talvez seja correto dizer que a atmosfera da época favorecia Jung e a vulgarização genérica de seus temas, como o conceito de inconsciente coletivo e uma idealização quase religiosa dos mitos e dos arquétipos, até com sua eventual abertura à aceitação de fenômenos parapsicológicos. O universo mental de tendência espiritualizante, que renasceu com força total no impulso contestatório dos anos 1970, triunfou em cheio nas décadas seguintes, levando à lona o imaginário racionalizante, ao qual eu tanto devia. Com relação a esses temas — inconsciente coletivo, arquétipo, mito —, eu mantinha uma aceitação puramente artística, de certa forma para fins estéticos, uma espécie de espiritualidade *ad hoc*, válida na arte, mas conservava uma resistência intelectual tenaz quando o tema era colocado na mesa da razão, mantendo-me, sem saber, um teimoso iluminista do século XVIII. O conceito de arquétipo seria central na concepção de teatro sem texto, desenvolvido por Rio Apa durante um curto período, mas que deixou marcas em tudo o que a trupe montou nos anos seguintes.

E havia também, o que é sintomático, uma completa ausência de referências à vida política brasileira, como se vivêssemos realmente numa campânula de vidro. O que era fato: vivíamos mesmo numa redoma política, social, artística e intelectual, à margem do mundo, sem diálogo nem troca, uma breve e arrogante aldeia de Astérix perdida em Antonina. Apesar de tudo, é preciso dizer: talvez seja apenas uma iludida criação da memória de quem chega aos 60 anos (e de que outro modo eu poderia saber e dizer, se não pela memória reconstruída?), mas lembro de momentos intensamente felizes daquele tempo, uma sensação de densa e promissora luminosidade, como jamais cheguei a sentir novamente em nenhuma outra época da minha vida. O clássico chavão da "infância feliz" encontraria, naquela tardia e demorada passagem para a vida adulta, a peça que se encaixa perfeitamente no quebra-cabeça dos meus anos de formação.

28

Jamais tive tempo de ter sonhos, embora imaginasse viver sob eles. Sabia o que não queria, talvez menos por uma orientação intelectual formalizada (o que eu só iria apreender anos depois, na universidade), e mais por um faro psicológico-existencial, por um impulso ao sabor do sentimento de inadequação, que me fazia tomar algumas direções em vez de outras; mas nunca soube exatamente o que queria. Sentia-me apenas, sincero, disponível às ideias do meu tempo, ao que pudesse surgir e me transformar, debaixo de uma forte sensação de liberdade. Guardava um mantra orgulhoso para uso interno, que me iludiu por um bom tempo: "Eu posso ser o que eu quiser." Malogrado o projeto de me tornar oficial da Marinha Mercante, lembro de ter pesquisado a hipótese de me tornar árbitro de futebol, quando descobri que a miopia não seria problema, já que existia a lente de contato; e por pouco não comecei um curso para tirar o brevê de piloto civil. Nada disso importava; seriam apenas ocupações pragmáticas, meios de ganhar dinheiro, vagamente a imagem de uma porta que me levasse a uma casa onde pudesse viver enfim por mim mesmo, chegada a hora. O essencial parecia estar sempre em outra parte, na página em branco.

Intelectualmente, eu era como que movido por uma ideia vaga e grandiosa de literatura, mais um simulacro de obras universais, uma estante imaginária da História, à qual eu acrescentaria meus livros (aqueles objetos costurados na infância), e nesse quadro onírico, nessa projeção de nuvens, alguns valores estéticos começavam a ganhar força e ocupar espaço na minha cabeça. (De fato, a *Sopa de legumes* já representava, mesmo capenga, um cardápio completo do meu talento literário, do potencial da minha linguagem, de como eu via o mundo e as pessoas e como conseguia representá-los, mas esse fato óbvio só passou pela minha cabeça dez anos depois, quando quis revivê-la, no romance *Ensaio da paixão*.)

Uma das questões centrais que me atormentavam — volto ao ponto que deu origem a este memorial — era a oposição entre a prosa e a poesia. Eu praticava os dois gêneros; escrevia tanto prosa (até então, muito mal) e poesia (em que eu era curiosamente melhor — na minha pequena escala, bem entendido). Minhas eventuais tentativas de fundir uma coisa com outra foram um desastre tão grande, e tão ostensivo para mim mesmo já àquele tempo, que até hoje tenho dificuldade para ler qualquer coisa que, três linhas prosaicas adiante, comece a soar "poética". Fecho imediatamente o livro e jogo-o bem longe de mim. Mas fui um atento leitor de poesia, desde um maravilhoso *Tratado de versificação*, de Olavo Bilac, um velho livrinho encadernado e cheio de anotações a lápis feitas pelo meu pai, provavelmente para alguma prova escolar, onde aprendi um beabá de metrificação entremeado de exemplos, que ainda hoje releio com prazer, até a obra completa de Carlos Drummond de Andrade.

Drummond foi talvez o escritor que mais densamente influenciou a minha sintaxe e a minha linguagem; é provável que seja apenas uma fantasia minha, mas sinto uma esquisita familiaridade ao lê-lo, o poeta que vai até meados dos anos

1950; depois disso, parece que ele foi se deixando corroer pelos sentimentos e sua máquina poética sentiu o golpe. Mas sempre que abro ao acaso um de seus livros clássicos e deparo com um verso avulso, sinto de imediato uma identidade tranquila, um espírito de filiação (ou, melhor dizendo, de adoção), como se ele tivesse dado parte substancial dos parâmetros da minha própria linguagem. Nenhuma ideia de prosa poética estava mais no meu horizonte, mas (talvez) justamente o contrário: uma poesia prosaica, invadida pelas exigências da prosa, uma poesia imersa no prosaísmo.

(Parêntese: como imitador involuntário, o melhor que consegui foi o poema "A obra", de 1975:

Queremos construir um elefante,
disseram eles.

Guindastes foram erguidos
o rabo tapou a lua
o vento fez a curva
evitando as pontas de marfim.

Amarraram o elefante
no chafariz,
para lustrar a prata das unhas.

A boca está sempre aberta.
Pintaram-no de cinza
menos o vidro dos olhos.
são verdes.

O elefante é inacabado
a barriga é desproporcional
quando chove ele afunda
a orelha enferrujou.

*Nasceu morto o elefante
a tromba olha o céu
apoiada num andaime.*

É proibido colar cartazes no elefante.

Realizo aqui o sonho de publicá-lo em livro, quarenta anos depois.)

Como eu jamais consegui dar conta das exigências da poesia, que são terríveis e enigmáticas — nunca escrevi um único poema que me deixasse realmente feliz —, reservei meus versos apenas para o humor e, eventualmente, às encomendas do amor, sempre pouco exigente, quando o foco da alma está mais na pele que na literatura. A influência de Vinicius de Moraes, que eu também lia muito, parecia antes a de um conquistador (das mulheres e do mundo) que de um poeta, e essa ideia pragmática me agradava, até pela sua ligação osmótica entre a vida e a arte, sempre no cerne do meu velho sonho.

A questão era a prosa — três romances gorados, poemas de brincadeira e uma narrativa que não servia para nada exceto divertir seus personagens e que se esgotava em si mesma como um programa de rádio. Se a ambição era mesmo alta, seria preciso, enfim, aprender a escrever.

29

Para mim, o sonho acabou em 1974, com um golpe final em 1976, mas só percebi uma década mais tarde; mesmo assim, galinha sem cabeça, resisti mais alguns anos a desembarcar das minhas próprias nuvens. Com o fim da generosa casa comunitária, o hábitat emocionalmente protetor da minha passagem crucial à vida adulta, em que eu entrava agora de costas e aos solavancos, comecei a sentir no horizonte a sombra dura da sobrevivência.

Aprender a escrever. Lembro que em 73 ou 74 escrevi um conto de quatro páginas chamado "A obra, o fim", que impressionou o mestre Rio Apa. Eu começava ali uma outra viagem, bem mais difícil do que os exercícios anteriores: o projeto de uma literatura adulta, embora eu não pensasse naquele momento nesses termos. Mas, lembrando bem, acho que pensava sim nesses termos: uma literatura sem álibi, sem tábua de justificativas, sem gracinhas defensivas, sem andaimes, sem covardia; uma literatura que pensasse grande e fosse, enfim, minha.

Na verdade, eu começava a sofrer a angústia da influência, não de Conrad, Faulkner, Eliot, Graciliano ou Drummond: era a influência do guru, simplesmente, aquele pacote de ideias sobre o mundo que, até então, eu vinha assinando embaixo, como um bom discípulo. Não era uma influência estritamente literária (ainda que eu tenha absorvido por mimese, de que sinto ecos até hoje, um pouco de sua retórica, uma certa unilateralidade racionalizante); era ideológica mesmo. À medida que o tempo passava, de algum modo eu tinha de adaptar aquela visão místico-rousseauniana com meu ceticismo à Millôr; o anti-intelectualismo rio-apiano à minha, digamos, inclinação iluminista; o horror à ideia de progresso com o meu otimismo mais ou menos instintivo (parece que a ciência prova que o otimismo é mais uma inclinação genética que uma disposição da razão, o que faz algum sentido no meu caso). E, é claro, como o pensamento não vive à solta, havia as amarras emocionais da vida familiar-comunitária e sua dependência do trabalho em grupo. Só a literatura poderia dar conta de tanta contradição.

Mas para isso é preciso aprender a escrever; a literatura não é uma arte ingênua nem espontânea, e não o é de uma forma mais radical do que ocorre em qualquer outra arte. Com "A obra, o fim", todas as minhas influências desembarcavam ao mesmo tempo no texto, que lutava para ser próprio — mas quem eu era? A julgar pelo texto, alguém que, por uma via quase alegórica, transforma a ideia de "fim dos tempos" (que estava na base do messianismo regressivo comunitário) numa espécie de ficção científica, porém assimilada a sério. O narrador se apresenta na primeira linha: "Eu era escritor." Mas tudo que ele fazia se transformava em outra coisa, de modo que seu projeto de vida acaba por se tornar a própria ideia de "espera", que passa a ser sua própria obra. Afundado em si mesmo, sem sair de casa, rodeado de livros lidos pela metade, o narrador nos diz que uma imagem "recortada de uma gravura medieval", que seria "o tempo, o fim, a chave", o abraça "com sua foice" e o recolhe "em suas formas".

Tudo ainda era mais ou menos postiço (exceto o fato nítido, vejo agora, de que eu próprio estava passivamente à espera), mas senti que ali eu dava um salto em outra direção. Tentando descobrir as influências literárias (e deixando de lado as interpretações psicanalíticas, que, eu temo, seriam evidentes demais), lembro que eu havia acabado de ler *Ficções*, de Jorge Luis Borges, que representou um novo patamar de referência literária no Brasil, com uma repercussão que permanece vivíssima até hoje. Meu pequeno conto parecia um ponto de encontro das influências mais disparatadas: o clássico esnobismo inglês de Borges, encastelado na sobranceria portenha, com a indiferença literária diante da farsa do mundo, se via completamente despojado de sua ironia original, e assimilado a sério por uma visão de mundo regressiva e acusatória, segundo a qual esse universo puramente mental e livresco representaria a morte do homem. Em outras palavras, Borges era a "decadência", o que eu tentava dizer nos seus próprios termos, assimilando mimeticamente (e bisonhamente) aquela nuvem pós-moderna de quem não está em lugar nenhum e escreve para se livrar do mundo. Isto é, havia lá no fundo, respirante, uma "mensagem" que, de fato, não era minha.

(Parêntese: obviamente, faço aqui uma leitura extraliterária, agora a única viável, acrescentando àquele texto um quadro mental de quarenta anos mais tarde.)

Ou era. Pelo menos em um ponto crucial permaneci teimosamente o mesmo até hoje: a recusa do cinismo narrativo, que seria, nos anos seguintes, a pedra de toque da cultura pós-moderna. Uso a expressão "cinismo narrativo" como uma categoria estritamente literária, o texto que avança autodesmontando-se e, no fim, deixa o leitor com a brocha na mão, retiradas todas as escadas de referência. Mas se é apenas a "forma" que se autodesmonta (e "forma", digamos, não tem moral), é o sistema de valor do sujeito narrativo que, já em primeira instância, é cínico. E não se escreve impunemente: a escrita nos transforma. Assim, meu Frankenstein literário absorvia, no seu duríssimo aprendizado de camponês, um Borges sem alma, como outros, por décadas a fio, continuariam absorvendo das *Ficções* uma alma sem Borges, em mais um dos sempre estranhos paradoxos da cultura latino-americana. Nesse sentido, talvez minha fidelidade ao realismo seja antes uma fidelidade à ética do realismo, à minha necessidade absoluta de um eixo de referência pelo qual eu assuma a responsabilidade. Não a responsabilidade puramente livresca de quem assina o texto, mas a de quem, escrevendo, coloca uma estaca de valores (extragramaticais) a partir da qual se desenha algum sentido para o mundo. Tudo que escrevi dali em diante, percebo agora, estava na exata contracorrente do meu tempo, no que era predominante nas realizações, dominante no seu quadro teórico e triunfante como forma de prestígio.

Diante do que era a moda, o *mainstream*, o relevante — e, nesse panorama, crescentemente ditado pela universidade e pelo fenômeno crescente dos escritores-professores (batalhão ao qual, dez anos depois, eu entregaria as armas) —, o espírito original da prosa esfarelou-se, esmagado pela perspectiva estritamente poética que mais se adequava, que mais servia às camisas de força teóricas do tempo. A prosa teria de se domesticar à centralização do padrão poético. O arrogante rompimento com a tradição, a repulsa à formalização dos conteúdos (a repulsa aos próprios "conteúdos"), a mitologia de que o meio é a mensagem, o individualismo libertário fundindo-se já com o individualismo de consumo, o otimismo messiânico, a oficialização da literatura pela via da universidade e mais a inescapável polarização política brasileira iriam fazer o resto do trabalho.

(Parêntese: o fenômeno do professor-escritor não é, obviamente, uma exclusividade brasileira. Em toda parte, o escritor acaba encontrando na escola um ganha-pão razoável e não invasivo, uma boa possibilidade de sobrevivência que lhe permita escrever com algum sossego. Lembro que, em meados dos anos 1980, tive oportunidade de assumir três caminhos profissionais, que eram mais ou menos as opções óbvias de quem quisesse escrever: publicidade, jornalismo ou magistério. Acabei professor, avaliando, com razão (pensando em mim mesmo, e não numa regra universal), que dar aulas seria o trabalho menos danoso à minha literatura. Portanto, não vejo maldição nenhuma nesta relação.

O problema é que, por uma conjugação única de circunstâncias históricas e culturais, a universidade pública brasileira, que cresceu no Brasil de forma tentacular a partir dos anos 1970, e seguiu num movimento de expansão que prossegue até hoje, acabou por se transformar numa gigantesca estatal, engessada em todas as suas instâncias transformadoras, vítima de uma centralização absoluta, e de fato consentida. Ninguém quer de fato "autonomia" nenhuma nas universidades, uma ideia que se reduziu a uma faixa para se estender nas greves. Na verdade, a ditadura militar acabou por criar as bases da universidade com que a esquerda dos anos 1970 sonharia: um certo espírito de quartel, com sua hierarquia rígida feita quase unicamente em função de contagem de tempo e de pontos, o velho amor brasileiro, sempre generosamente correspondido, pelas carreiras do funcionalismo público, e a alma benfazeja de um monastério, com seus monges protegidos para sempre da vida real, numa redoma de vidro que reproduz no seu cotidiano a utopia socialista, distribuída em falanstérios e organizada por eleições orgulhosamente igualitárias, do chefe do departamento ao reitor da universidade.

A universidade pública criou um mundo dos sonhos a um tempo medievais e iluministas. Os salários, em geral, mantêm-se quase sempre acima da média brasileira na área (e certamente sempre maior nas áreas de humanidades), com vantagens profissionais incomparáveis com qualquer espaço privado. As aposentadorias são integrais em regime especial (regra que apenas em 2012 começa a ser mudada), seguindo o modelo brasileiro de proteção exclusiva do funcionalismo federal que não existe em nenhum outro país do mundo. Além disso, toda a pauta, digamos, filosófica, da universidade, a discussão de seus princípios, projetos e ambições, ficou inteira a cargo das suas instâncias sindicais, que são fortes (e, sempre que necessário, truculentas). Fora desse aguerrido âmbito profissional, a universidade só pensa pela via do executivo.

Não é meu interesse aqui discutir a universidade pública brasileira; é até possível que esse seja mesmo o melhor modelo para um projeto de popularização de acesso ao terceiro grau, projeto que por princípio joga para segundo plano o horizonte da excelência acadêmica, uma excelência radicalmente incompatível com o modelo. É uma escolha política. O que me interessa, a partir desse quadro que conheci na carne, é pensá-la como um hábitat privilegiado para o escritor.

Considerando a conjugação de fatores que no Brasil entraram em jogo durante a ruptura do movimento cultural-revolucionário de 1968, as universidades brasileiras foram progressivamente, depois de um expurgo inicial dos velhos resistentes promovido pela ditadura, acolhendo uma nova intelectualidade criada e amadurecida nos respingos de 68. A resistência à ditadura ganhou nas universidades federais um baluarte valioso, que fez de si mesmo o seu projeto e acabou por se cristalizar rigidamente no modelo de hoje, agora praticamente intransformável, exceto a golpes de executivo que, até pela monumental amarração jurídica que envolve a máquina burocrática, só consegue tocar na superfície de portarias e regulamentos. Um elefante gigantesco no meio da praça, mas que acolheu carinhosamente o escritor-professor, que de outra forma estaria perdido na dura selva da sobrevivência brasileira.

Mas, como se sabe, não há almoço grátis. A combinação química de pressuposição de verdade de todo discurso científico, que está na base da formação acadêmica, com o espírito de criação e de rompimento existencial que está na raiz de toda grande arte literária (de toda grande arte), parece ter criado nos gabinetes universitários e nas salas de aula o pior de dois mundos: a arrogância da abstração teórica unilateral delimitando, primeiro *a posteriori* (o que de fato faz sentido, a perspectiva histórica) e depois, com certa volúpia, por antecipação, a criação literária, o caminho "certo" a tomar. As célebres "antenas da raça" agora eram todas funcionários públicos. O temor de Manuel Bandeira se realizava, já em bases científicas, com o triunfo do "lirismo funcionário público com livro de ponto expediente".

Da década de 1990 em diante, com a democratização mais efetiva do país, o advento da Internet, a incrível revitalização do jornalismo como instância informativa, o inédito acesso de milhões de pessoas ao agora caótico mundo da escrita, a rápida expansão das classes médias brasileiras e mesmo um novo mercado para a sobrevivência do escritor (ainda que sempre fortemente subsidiado pelo Estado, via renúncia fiscal e patrocínios indiretos) vêm esvaziando o poder centralizador da universidade como criadora única da pauta literária nacional. Mas não sem espernear: o último sinal dessa esquizofrenia teórico-literária, que ao mesmo tempo teoriza e produz, transparece no movimento multiculturalista recente que, captando o fato óbvio da predominância histórica de personagens de uma elite branca na produção brasileira, propugna uma literatura voltada às minorias, em temas, personagens, tramas, configurações morais e políticas. Uma espécie de "literatura planejada" — mais uma vez, propõe-se a morte do sujeito-escritor, que deve ser posto a serviço instrumental de uma pauta alheia; autor e leitor devem ser ambos tutelados. Procura-se uma literatura de mostruário, modelos de referência que, sob a sombra da ciência, devem ser reiteráveis. Há um delírio de listas, de prescrições e proscrições, tudo a curtíssimo prazo, para marcar territórios em acampamentos, como se, subitamente, a universidade percebesse a sua irrelevância. Sem imaginação, que, repetindo Drummond, se refugiou abaixo do subterrâneo, o pensamento universitário paga o preço de sua autodesistência.

    Bom, e o escritor-professor com isso? O que ele fazia ali, naquelas duas décadas de transição? Digamos que, imerso no monastério protetor que lhe dava a sabedoria, o pão e a paz, *in secula seculorum*, ele acreditou no Paraíso literário.)

30

Súbito em Portugal, numa viagem apenas de ida, nos tempos em que tal fantasia ainda era possível — alguém errante pelo mundo, sem passagem de volta, com uma mochila nas costas, imaginando ainda que poderia ser qualquer coisa na vida —, vivi uma dolorosa solidão voluntária. E percebi rapidamente a precariedade de minha própria formação, ainda incapaz de ler sem tropeços um parágrafo em inglês, o eterno monoglota irritado, e, diante de um país em transformação radical — cheguei em dezembro de 1974, o ano da Revolução dos Cravos —, comecei também a perceber, em fragmentos, pela tímida beirada portuguesa, a inacreditável extensão do mundo e a pequenez da minha origem. Eu era um escritor lúmpen, alguém fora de qualquer quadro cultural sólido ou com alguma boa referência que me dissesse onde eu estava e o que devia fazer, além das vastas emoções e dos pensamentos incompletos da vida familiar-comunitária, onde eu havia sido Rei. O talento grosso e ridente que escreveu a *Sopa de legumes* não me servia mais para nada; sem a proteção do casulo, eu não tinha nada para mostrar, além de dois ou três contos que pareciam escritos justamente para dizer a si mesmos que eles eram a expressão de uma decadência. (Não minha, imaginava eu, tão novo aos 22 anos, mas decadência do mundo inteiro, fazendo eco à minha formação regressiva. E no entanto, cego pelo instante presente, não percebi que estava vivendo, naquele momento em Portugal, justamente o nascimento de um novo mundo, o primeiro sopro que derrubaria, 15 anos depois, como que a um toque de dedo, o Muro de Berlim, ainda que na cegueira do primeiro minuto parecesse o contrário, o triunfo dos comunistas.) A ambição, entretanto, se mantinha no alto, lutando para cobrir ou pelo menos disfarçar os trapos da genealogia da província. O projeto continuava vivo: ler muito, estudar muito, e escrever. Eu não sabia ainda, mas minhas opções começavam a se estreitar, assustadoras — eu já era, de fato, uma vítima de minhas escolhas.

Felizmente, com a universidade fechada pela Revolução, rompeu-se o único liame formal que, como um pálido álibi, me levara a Portugal: uma matrícula na Faculdade de Letras sem nenhum patrocínio. Eu não tinha o menor interesse no ensino regular, além da carteira de estudante que me garantia refeições baratas. Encastelado sozinho numa água-furtada no alto de Coimbra, cedida a preço simbólico por uma fundação religiosa protestante (à qual honestamente me declarei ateu, ao preencher o formulário, rezando para não ser recusado por causa disso), troquei a noite pelo dia para economizar almoços e, como sempre fechado em mim mesmo, durante mais de um ano (com dois breves interregnos de viagens; num deles, lavei louça em Frankfurt para ganhar dinheiro), li, estudei e escrevi sem parar, sempre à mão, passando os manuscritos a limpo com a nova máquina portátil com que minha mãe me presenteara cheia de esperanças antes da viagem, uma dura aquisição em 24 prestações que me acompanharia por duas décadas.

E o que eu escrevia? Contos, poemas e cartas. Um resto de talento poético ainda conseguiu produzir uma dezena de poemas, para nunca mais, entre eles uma ressentida "maldição a Coimbra", em que o velho bom humor escrachado da *Sopa de legumes* se evaporava, transformando-se agora numa bílis vingativa e maldosa ("teus grandes salões de ovários ressequidos", "teus reflexos de Pavlov, teu olhar pelos buracos", "cinco milhões de úlceras roem as tuas pedras"). Um ano antes e eu seria visceralmente incapaz de escrever algo tão agressivo, movido pela impotência do ressentimento, um sentimento novo em mim; afinal, sentia a corrosão de uma última inocência. (Melhor assim: um escritor que não conhece o ressentimento, às vezes suavizado pela ideia poética de "mágoa", deve fechar a oficina.) Era nos contos que eu passei a colocar todas as fichas literárias daquele ano. Escrevi cerca de 15 histórias curtas, que, acrescidas de mais três ou quatro, acabariam por formar meu primeiro livro, *A cidade inventada*, publicado depois de intermináveis idas e vindas cinco anos depois. De notável, apenas o esforço de escrever e reescrever quase que interminavelmente os textos, numa insatisfação angustiante. Por mais que eu lapidasse a frase, o personagem — quase sempre projeções disfarçadas de mim mesmo — continuava custando muito para atravessar uma sala e abrir uma porta qualquer.

Minha dificuldade com o gênero conto sempre foi o pouco talento com a trama curta e autossuficiente, a sequência rápida de dois ou três eventos com um toque explosivo ao final; mesmo no "conto-imagem", a cena imóvel que em si é uma narrativa, há no bom conto como que um desconcerto, um pé trocado ao final que dá a chave do texto curto e justifica sua existência. A ideia de autossuficiência "tramática e dramática" talvez seja o principal alimento do conto.

(Parêntese: do ponto de vista da linguagem ficcional, quanto ao modo de apropriação da linguagem — minha relação de verdade e de mentira com a voz narrativa —, e quanto à relação interna entre as vozes representadas, não vejo nenhuma distinção digna de nota entre conto e romance, que são apenas formas composicionais superficialmente distintas de um mesmo impulso da linguagem; os limites entre um e outro são puramente quantitativos. Nesse sentido, conto e romance podem ser classificados, se essa divisão se fizesse realmente necessária, como subgêneros da linguagem romanesca.)

(Parêntese dois: durante um bom tempo, dos anos 1980 até a virada do novo século, no limbo da prosa brasileira recente, gerou-se uma espécie minimalista de subgênero derivado da ideia do conto e realizando-se na fronteira da poesia, uma espécie de reflexão poética. Talvez seu mentor involuntário tenha sido Dalton Trevisan, que avançou pelo fim do século XX reduzindo até o último limite o osso narrativo de sua literatura; imagino que seja dele o menor conto da literatura universal, se uma competição anedótica assim fizesse sentido ("Nunca me senti tão só, querida, como na tua companhia"). Mas em Dalton o minimalismo foi um fluxo que surgiu do corpo de seu universo narrativo, como a lhe extrair uma essência sempre presente, e nele, igualmente, o elemento dramático e a duplicidade de vozes — o narrador é sempre um outro, que o texto submete a um olhar crítico, princípio que está na alma romanesca, como se observa no exemplo — estão sempre presentes. No caso da moda minimalista, quase sempre autor e narrador se confundem, num índice em geral apenas parcialmente poético, o que dá ao texto o estatuto de uma pura intervenção pessoal, uma confissão disfarçada ou um gesto opinativo que emerge da sombra poética. A vergonha de narrar prosseguia assombrando a prosa brasileira como um tormento.)

31

O universo dos contos — é incrível como perco tempo em comentá-los, esta volúpia por consertar e concertar o passado, como se houvesse alguém de fato capaz de ser resgatado puro do tempo — dava aqui e ali um passo adiante, mas quase sempre olhava para trás. Um escritor emocionalmente frágil, ou apenas fraco, não querendo largar a rapadura mental tranquilizadora de seu paraíso perdido. Os temas de empréstimo — a escatologia do fim dos tempos, a decadência do racionalismo, a busca do autêntico, o fim das grandes cidades, o misticismo de artifício — vinham envoltos em sequências claramente oníricas, com pinceladas surreais, aqui e ali com um toque *kitsch* meio kafkiano e borgiano (um *kitsch* decadentista que seria uma praga literária brasileira de boa parte dos candidatos a escritor nos anos seguintes, mais tarde enriquecido pelos jogos mentais e deslocamentos poéticos de Italo Calvino).

Além das estritas referências dominantes de alta literatura, como Borges, Kafka e Beckett, rebatiam na minha cabeça muitas outras variáveis, de influências díspares, que relembro agora, em cacos, das leituras daquele início de anos 1970, ainda do tempo da comunidade, como *O senhor dos anéis*, de Tolkien, *O jogo das contas de vidro*, de Hermann Hesse (um autor com presença sólida nas minhas leituras da época), os improváveis *Admirável mundo novo* e a *Volta ao admirável mundo novo*, do sempre presente Aldous Huxley, e mesmo (durante um curto período) textos de Krishnamurti e, com mais força, Carlos Castañeda (dele lembro especialmente *Uma estranha realidade*, conversações com um camponês mexicano sábio, uma mitologia de essência multicultural que vinha de longe, desde D. H. Lawrence, que eu também havia lido com atenção e reverência). Em boa medida, a parte mística se constituía de leituras mais propriamente livrescas, racionalizadas (como a ideia de Huxley de que o uso ritualizado da droga poderia ser um substituto para a decadência das religiões organizadas) ou filosoficamente frágeis — *A origem da tragédia*, de Nietzsche, numa leitura disciplinada e anotada, já em Portugal, parte do meu "plano de estudos", me pareceu dar uma chave de redenção humana pela recuperação do nosso lado dionisíaco, além de justificar a visão de mundo do teatro dos meus tempos comunitários, uma visão à qual eu me agarrava como a um talismã salvador, embora aquele mundo já tivesse intelectualmente pouco a ver comigo. Enfim, como qualquer leitor, eu estava submetido ao pacote cultural dominante do meu tempo, tentando adaptá-lo aos quadros mentais racionalizados da minha formação. Ou, digamos, se não estou inferindo isso do vento, da minha inclinação natural.

Em suma, relendo trechos dos contos, percebo o óbvio: eu não estava ali. Um escritor ausente de sua frase é a derrota do texto. Eu continuava obedecendo a uma pauta em grande parte alheia, tateando formas e ideias no escuro. Em apenas um momento desse livro de 1975 parece que cheguei perto de mim mesmo: no conto "A primeira noite de liberdade", o menino no dia da morte de seu pai, a partir de um fato biográfico básico (a lembrança de que, quando meu pai morreu, fui levado para a casa de vizinhos, só voltando para o meu próprio quarto depois do enterro; tenho vagamente a lembrança de estar sobre os ombros de um adulto e, virando a cabeça, ver uma pequena procissão saindo de casa para o cemitério, e mais nada). Todo o resto da breve trama é inventado, mas o registro realista do texto começava a ser tecnicamente dominado por mim. Há um toque sentimental, que eu soube conter (o sentimento é o ácido da literatura; extrato caro e difícil, só pode ser usado em gotas, para criar relevos sutis na chapa de metal), mas o último parágrafo deixa escapar em duas expressões a sombra de mensagens explicativas: "Até achar o meu pai, estava livre" e "Fiquei eu e a Morte", em que o detalhe da inicial maiúscula da morte denunciava que eu estava, de fato, pensando em outra coisa — alguma tese — ao escrever.

32

O tempo presente: em nenhum dos contos do livro transparece direta ou indiretamente uma geografia concreta, uma cidade, um país, um espaço físico de algum modo reconhecível ou localizável, uma relação direta com o presente meu ou do leitor; são como ficções científicas de planetas imaginários (o que chega mais perto de um mundo concreto é justamente "A primeira noite de liberdade"). Vergonha de narrar ou temor de colocar o pé no chão? Ou seria eu, definitivamente, contrariando toda a lógica da minha cabeça e do meu mundo, um recalcado autor de fantasias? Quem sabe eu fosse mais feliz criando planetas imaginários: todo o fermento de Harry Potter já estava no ar, mas esse pó mágico nunca soprou de fato no Brasil, exceto, enfim, na globalização definitiva dos últimos anos.

Ao contrário, eu deveria ter prestado mais atenção nos versos de Drummond, que eu repetia em voz alta pelo prazer de ouvi-los: "Não serei o poeta de um mundo caduco." E adiante: "O presente é tão grande, não nos afastemos." Ou ainda: "[...] não fugirei para as ilhas nem serei raptado por serafins".

Fiz tudo ao contrário: fugi para as ilhas, serafim de mim mesmo. Um mundo inteiramente mental parecia abastecer cada frase que eu escrevesse. A recusa à realidade era também uma recusa a nomeá-la, por que nome fosse. A indeterminação — essa qualidade essencial do texto poético, sempre presente nele em alto grau — era a régua que parecia guiar a minha prosa. Eu não estava em um trepidante Portugal nem mesmo longe do travado Brasil, não estava em um eixo qualquer que me desse alguma referência histórica imediata e palpável; eu estava encalacrado em um pequeno planeta mental qualquer perdido ao redor do Sol ou em torno da presunção de eternidade, que não tem paredes nem solo. O título do primeiro livro dizia tudo: *A cidade inventada*. O realista grotesco da *Sopa de legumes*, que *só* conseguia olhar para o chão e três metros em torno, parecia morto e enterrado.

Literaturas inteiras, grandes e boas, se fizeram assim, nefelibatas, mas nenhuma delas parece ter nascido de lugar nenhum ou de segunda mão; todas emergem de um quadro mental enraizado numa cultura presente, no ar que se respira; as cidades invisíveis do italiano Calvino não são imaginação de um turista que visitou Veneza; os pesadelos de Kafka não são apenas frutos de noites maldormidas, assim como o processo burocrático-mental de Joseph K. não era apenas burocrático-mental na Europa em que ele viveu; a tradição livresca de Borges sempre foi de artifício, falsa como uma rosa de plástico ou um tigre na Europa, mas um artifício que encontrava na Argentina a sua verdade insegura, equilibrando-se em nada e fazendo desse nada a sua essência; o *cul-de-sac* beckettiano pós-Segunda Guerra não era exatamente o retrato imaginativo de um cidadão avulso sofrendo de tédio e depressão.

Para um brasileiro, entretanto, comecei a imaginar, parecia que a única linguagem possível é a paródia de superfície, a imitação lustrada, onde ele se sente inteiro e completo — ou então se escapa para as delícias da liberdade poética, que tudo legitima. A apropriação *séria* da linguagem, no seu chão prosaico, parece-nos um atrevimento para sempre interditado. Ninguém nos quer assim. (E o fato de que isso nos preocupe é como uma confissão em cartório de nosso destino.) O que um francês, um alemão, um americano fariam com um brasileiro "sério", que não fosse a expressão particular de algo curioso e diferente? Já a paródia desobriga a prosa de seu eixo de referência fixo, e ela pode se refinar tanto a ponto de fazer de si mesma a realidade, num jogo de perpétua ocultação, como se o Brasil só pudesse se ver por divertidas máscaras duplas; imaginamo-nos eternamente poetas ou bonitos por natureza; o riso suspende o tempo e o espaço, do mesmo modo que a indeterminação da poesia. Melhor ainda: ele nos libera da responsabilidade de dizer, de *estar ali*; basta mostrar de longe. O espírito essencial da prosa, entretanto, a multipresença de vozes outras que são respeitadas (consideradas, ouvidas, sentidas, percebidas, tocadas) por seus próprios valores, parecia definitivamente não ser a minha linguagem (ou a minha cabeça, ou mesmo a cabeça de um brasileiro, na tentação generalizante), embora este fosse exatamente o meu desejo.

(Parêntese: em um único momento, fora do projeto do livro, escrevi um conto que, como um estalo, sinalizou potencialmente o melhor de mim: "Os telhados de Coimbra". Pela primeira vez, desde a *Sopa de legumes*, o tempo presente entrava no meu texto, já desde o título. O autor-narrador é autoidealizado como um solitário pintor, curtindo uma vasta solidão e uma relação amorosa avulsa; a oposição Brasil-Portugal está presente, assim como a Revolução dos Cravos, um tema concretíssimo daquele ano. O texto é limpo, sem ênfase; e talvez, também pela primeira vez, o personagem consegue atravessar uma sala e abrir uma porta com meia dúzia de palavras e sem tropeçar em nada. Tecnicamente, não há nada de extraordinário ali, um conto comum, mas já é um texto maduro de alguém que, enfim, sabe escrever. O registro realista da linguagem é competente, o que me deixou alegre, como um pintor acadêmico que, enfim, consegue pintar uma dobra de roupa que de fato parece uma dobra de roupa, com a sombra exata, a cor certa, a textura verossímil. É claro que isso, por si só, não faz literatura nenhuma — aliás, há milhões e milhões de escrevinhadores pintando dobras de roupa que parecem tudo exceto dobras de roupa, ou então parecem *apenas* dobras de roupa, encerrando-se nelas a ambição do texto — mas, sem esse domínio do olhar que se traduz em poucas palavras, o espírito da prosa não sobrevive.

Fico apenas me perguntando: o que conspirava contra mim que me impedia de ir adiante nesse caminho? "Os telhados de Coimbra", mesmo frágil, era a melhor coisa que eu havia escrito na vida, mas deixei de lado aquilo como um acidente sem importância e voltei obcecado à estufa da minha cidade inventada. Duas hipóteses: primeiro, o tema era biográfico, e só por um breve momento consegui vencer a timidez e falar indiretamente de mim mesmo, num registro sério; eu havia criado naquele pintor melancólico uma projeção autoindulgente do que talvez eu gostasse de ser, um jeitão discreto de personagem de filme; e apenas ensaiei comentários da vida concreta do país, pondo-os na boca relativa de um "outro", porque ainda não sabia o que estava acontecendo em Portugal nem qual seria o melhor caminho político. Essa dúvida transparece no texto.

E, em segundo lugar, sentia um certo pudor da realidade; ela não soava suficientemente boa ou impactante para mim.

Para ir adiante nesse caminho literário, eu teria de esquecer o passado, dar um salto emocional, libertar as amarras mentais da minha já carcomida segurança. Mas seria demais: ainda achava que meu velho sonho medieval estava vivo. Por isso, aqueles telhados, puxando-me adiante, me pareceram apenas um acidente a ser esquecido.

De certa forma, era uma curiosa transgressão que eu cometia — o breve e secreto prazer do realismo, um pecado mortal da minha cultura literária. Apesar disso, esse conto avulso foi meu primeiro texto publicado: em 1976, de volta ao Brasil, enviei-o à revista *Escrita*, de certo prestígio na época, e foi aceito, o que me deixou eufórico. A nota biográfica é engraçada: "CT, de 24 anos, é relojoeiro e eventualmente ator de teatro marginal no Centro Capela de Artes Populares, em Antonina, Paraná. Nunca publicou nada mas espera ser editado no ano que vem pela Brasiliense. C. passou 1975 em Portugal."

Sintomaticamente, a matéria de capa era uma entrevista de Osman Lins, um emblemático escritor-professor daqueles tempos, então momentaneamente célebre com o romance *Avalovara*, que dispara, altissonante e ameaçador: "Toda arte despojada de nossa época, que recusa o ornamento, está a caminho da morte." O convite ao ornamento sempre encontrou um terreno fértil no Brasil. De qualquer modo, a literatura naquela época esperava avidamente que algum professor apontasse caminhos; ela sempre chegava depois, aluna aplicada na sala de aula.)

Mais uma vez, minha melhor literatura não estava nos contos que eu burilava penosamente a sério, mas em outra parte, assim como a *Sopa de legumes* compensava o fracasso dos protorromances. Meu melhor texto, agora, estava nas cartas que escrevi incansavelmente durante meus 14 meses fora do Brasil. Olhando de um jeito, as cartas eram outro sintoma de minha prisão voluntária ao passado; de outro, eram um modo de manter vivo o foco natural do meu texto, as encruzilhadas do aqui e agora, os temas da vida real, em que eu dava topadas a todo instante. As cartas foram uma oficina maravilhosa da minha literatura. É uma pena que hoje ninguém mais escreva cartas de fato (se não estou simplesmente expressando aqui mais uma vez uma secreta nostalgia pelo passado).

Este é outro enigma do advento da Internet — ela popularizou a palavra escrita de uma forma jamais vista em nenhum outro momento da história; não há uma só página da Internet sem alguma palavra escrita e sem alguma exigência ou algum convite para que se *escreva* algo, e sempre algo familiar, intransferível, próximo; apesar do inacreditável podei imagético da Internet, a palavra nela reina soberana. Mas num paradoxo, o registro do passado pessoal tornou-se extremamente volátil: o já antigo e-mail, com sua formatação mais ou menos semelhante à clássica carta, ainda que muito mais informal, é quase sempre guardado numa gaveta de vento, que desaparece ou se apaga a cada mudança de programa ou computador (ou mesmo por nossa natural compulsão ao *delete*); e as formas novas de comunicação, via sítios de relacionamento ou assemelhados, são ainda mais etéreas. Ao mesmo tempo, a avassaladora popularidade do telefone vem livrando do papel um bilhão de palavras por dia.

(Parêntese: numa fantasia, imagino que a descoberta acidental de um *pen-drive*, daqui a cinquenta anos, contendo velhos arquivos do *outlook* de um escritor famoso, com centenas de e-mails de sua lavra, valerá milhões num leilão da Sotheby's pela incrível raridade do achado.)

Em suma, ao mesmo tempo que vivemos rodeados por uma muralha permanente de palavras escritas, a memória de nossa vida pessoal regrediu à lógica da oralidade; nossos passos se apagam diariamente na areia e só podem se refazer pela frágil e falsa lembrança interessada; a fantasia nossa de cada instante não encontra mais o contrapeso da prova escrita de sua existência; e a narrativa de nossa vida só parece recomposta em fatos por sua sucessão implacável de pontos comerciais (e aí nos seus mínimos detalhes, guardados a ferro e fogo, como num jogo de seguir os números, cada segundo de cartão de crédito, os quilowatts consumidos e cada minuto telefonado, recompondo a geografia única de nossos passos em todas as contas a pagar no final do mês).

34

A antiga carta, e repito apenas o óbvio, era um gênero literário maravilhoso: já na primeira linha ela punha em cena, de modo altamente formalizado, os ingredientes de toda boa ficção, a partir de seu espaço-tempo inicial, o eixo inicial de referência: Coimbra, 7 de junho de 1975. Pronto: está colocada a câmera do escritor, que começa a rodar. A convenção formal da carta cria um curioso isolamento da vida real, do evento concreto que ela representa, e todo isolamento é estetizante. A familiaridade eventualmente real é aqui representada em segunda mão, a "coisa em si" *contada* — é preciso deixar marcas dessa duplicidade no texto, e isso já indica uma sombra de literatura.

Ao mesmo tempo — e aqui talvez esteja a alma da oficina literária epistolar — o leitor está claríssimo na minha cabeça; ele tem uma nitidez que nenhum outro leitor (o leitor de um poema, de um romance, de um conto, alguém que eu não conheço, que eu jamais vi, que só virtualmente tem algo a ver com o meu mundo, alguém que desembarca do nada no meu texto e com quem eu devo partilhar uma experiência, criando as condições imaginárias para que isso seja enfim possível), que nenhum outro leitor terá. Cada palavra da minha carta pondera o seu instante de recepção com uma precisão que não existe em nenhum outro lugar da linguagem escrita, justamente porque eu *conheço* o meu leitor, já ouvi a sua voz, antecipo suas contestações, tateio a sedução possível ou armo o golpe do inimigo.

Sim, as cartas podiam também ser ornamentais, pela imagem que eu quisesse construir de mim mesmo, o narrador; mas em praticamente qualquer caso, uma carta é quase sempre um novo e breve diálogo de Platão, pelo império do instante presente e do seu comentário esclarecedor. Uma carta também se destaca do evento concreto da vida, embora o represente em palavras e crie uma certa simulação de que não se diferencia da própria vida; entretanto, há sempre nela um começo, um meio, um fim, mais ou menos formalizados; por mais apressada que seja, uma carta sempre estabelece a sua moldura para contemplação seletiva do leitor.

Não é só: como nos romances, a prosa da carta é sempre brutalmente contemporânea, não teme os fatos e não há registro de linguagem que lhe seja alheio ou impossível; tudo cabe nela, até um poema. Assim, não foi por acaso que se constituiu um gênero epistolar, como um capítulo especial da literatura, em duas direções: como um gênero em si, que hoje estaria na gaveta considerada de "não ficção", a carta como documento histórico, veículo de apreciações culturais, políticas, históricas, como as célebres cartas de Cícero, na Roma antiga, que extrai parte de sua empatia justo pelo tom pessoal (ainda bastante formal, o tom "público" da carta, o que, para os olhos de hoje, é quase um paradoxo num texto que antes de tudo afirma a intimidade); e estritamente como romance mesmo, o romance epistolar, um modelo composicional que se desenvolveu com o crescimento irresistível da noção contemporânea de privacidade do indivíduo, a privacidade como um valor positivo, e mais que isso, como um *direito*, uma ideia alheia ao homem antigo (e que de novo começa a ser estranha para o habitante da Internet, para quem a solidão é um crime e fonte de vergonha).

Como o romance, a carta também nasceu apenas da palavra escrita; podemos até inferir metaforicamente que, na origem, ela é quase a razão de ser da escrita; inventou-se a escrita para que se escrevessem cartas, capazes de paralisar o tempo e encurtar a distância entre duas pessoas; e do seu sentido inicial puramente pragmático (nunca totalmente ausente), o sentido do mundo das comunicações objetivas, a carta derivou para o seu destino de partilhar experiências, a voz que desenha a si mesma em contraponto ao seu leitor, destino que viria a se tornar a essência da prosa romanesca.

Pois bem, se de um lado eu imaginava aprender a escrever burilando a sério, todos os dias, os contos da minha cidade inventada, insistindo num registro literário que decididamente não era o meu, obedecendo mais ou menos vagamente a um ideário que me reprimia e me puxava para trás, mergulhando num texto ao qual tentava me adaptar (e não ele a mim), um território estrangeiro (nada a ver com nacionalidades, pátrias ou conceitos afins; estrangeiro no sentido simples de *alheio*); de outro lado, quase com um suspiro de alívio, lá ia eu colocar a folha diretamente no rolo da máquina para escrever cartas, o meu pequeno sopro diário (e vicário) de libertação.

A minha verdadeira oficina literária daquele ano em Portugal foram as cartas que escrevi, mais de uma centena delas, extensas e detalhadas. Só para a minha namorada brasileira (com quem vivo até hoje), foram exatas 86 missivas. Escrevi para os amigos, para os parentes, para meu guru. Pensando bem, esse delírio epistolar de escrevinhador dizia muito do meu férreo apego ao passado, ou a algumas ideias fixas do que eu deveria ser ou fazer na vida; alguém que, página a página, tenta isolar a golpes de frases qualquer vazamento de seu casulo protetor (o que talvez seja uma metáfora para o trabalho de quem escreve).

Escrever sempre deixa marcas — ninguém escreve 150 cartas e continua o mesmo. A maneira de olhar, a imagem do leitor virtual (com a passagem do tempo, o autor das cartas já não sabe mais quem é o seu destinatário, porque também este se transforma; é preciso recuperar a inevitável perda da imagem, esta minha figura que se esfarela pela distância; o autor começa sutilmente a criar outra pessoa sobre o molde de quem o lê, começa a imaginar alguém que não existe mas que será capaz de entendê-lo, como alguém que propõe um papel para que o leitor assuma naquele instante, um breve teatro literário que dê sentido preciso às minhas palavras, que elas não sejam de vento), a sintaxe direta, o tom coloquial, a sedução disfarçada, aqui e ali um bom argumento, sempre tão nítidos quando por escrito que parecem verdadeiros, os temas imediatos, o jantar de ontem, o vizinho de pensão, o filme que eu vi, o livro que quero ler, o novo governo provisório, a bomba que estourou na sede de um partido, o desejo sexual, a viagem para a Alemanha, a última tentativa de deixar de fumar, como anda o meu sono, aonde vou amanhã à tarde — a minha literatura inteira estava ali nas minhas cartas, e eu não sabia, cego extraviado com um baralho de tarô nas mãos.

Continuei escrevendo muitas cartas pela vida, mesmo de volta ao Brasil. Do exílio curitibano, mantive correspondentes pelo país afora até meados dos anos 1990, quando o gênero epistolar clássico, pelo advento da Internet e pela universalização e barateamento do telefone, sofreu uma obsolescência, decrepitude e morte súbita quase que em poucos meses. No final da década, a ideia de "carta" na vida real já começava a soar estranha como um pergaminho, um papiro curioso, restos arqueológicos da devastação universal do gênero promovida pela Internet e pelo e-mail (hoje também já um meio antigo de comunicação, quem sabe em rápida extinção, trocado por notas taquigráficas digitais que se espalham e se multiplicam sem direção, endereço ou destinatário pelo tuíter e pelas colônias superpovoadas de redes sociais, a todos e a ninguém).

Entretanto, ficaram as marcas estilísticas do meu tempo de autor de cartas. Em quase todos os meus livros publicados, as cartas aparecem incidentalmente como importantes elementos narrativos. E escrevi pelo menos três romances estritamente epistolares. *Trapo* (1988) conta a história de um professor que recebe um maço de cartas de um poeta suicida. Em *Uma noite em Curitiba* (1995), o filho descobre as cartas do pai; sinal dos tempos, elas não estão numa gaveta fechada ou num velho baú do sótão, mas num disquete de computador. Apesar do meio então moderno (hoje estariam num *pen-drive* ou, quem sabe, guardadas etereamente no *iCloud*), as cartas do professor Rennon, personagem do livro, são decididamente cartas à antiga, condizentes com a geração de seu autor, e o romance inteiro se estrutura por elas.

E em *Breve espaço entre cor e sombra* (1998), as cartas da personagem italiana são decididamente composições literárias (mais exatamente dentro do subgênero "cartas de amor"), num tom que foge do coloquial mais típico do formato, mas a ideia é justamente essa, a carta *praticada* como um gênero preciso. Aliás, desde *Relações perigosas*, a obra-prima que consolidou a cultura moderna da correspondência escrita como o espaço perfeito da expressão privada individual, a carta é um gênero composicional que continua vivíssimo na literatura contemporânea, recriando as mensagens típicas da estrutura do e-mail, reproduzindo os cabeçalhos digitais (mas em tudo o mais sendo "cartas"), cumprindo funções de intriga romanesca (como o e-mail disparado por engano em *A marca humana*, de Philip Roth), ou até mesmo na forma de gravações em fitas (que, transcritas, mantêm claramente uma estrutura epistolar — penso aqui em Jonathan Coe e seu *A chuva antes de cair*).

Em suma, há uma essência romanesca na estrutura epistolar — a duplicidade inescapável de vozes, a tensão do momento presente, a determinação concreta de tempo e espaço, a urgência narrativa que exige que eu escreva uma carta, a criação de personagens pintados sobre modelos reais, o mundo da opinião direta sobre os fatos do instante, a sempre presente ambiguidade por omissão, esquecimento ou duplo sentido, a sombra da intriga, o peso da família, e, afinal, o inevitável acabamento estetizante de seu começo e de seu fim, recortados na forma de um objeto composicional escrito —, há uma espinha modelar que, a essa altura, já é quase independente da própria existência física das cartas.

É preciso, entretanto, não esquecer um pressuposto indispensável nessa composição epistolar que repenso aqui como substancialmente romanesca: o valor do indivíduo, a relevância do olhar único e intransferível do sujeito narrativo e suas amarras com o mundo concreto de que ele é vítima e agente; é a sua solidão, o seu desamparo, que criou o gênero epistolar moderno. Não se escrevem cartas para cantar mitos; no máximo, para sussurrar ou propor o fim deles, ou para falar de um mundo em que eu não tenho lugar (o gênero epistolar clássico está no lado oposto da ideia de uma "rede social"). A carta, como gênero, é um breve e solitário combate do indivíduo. O poder literário moderno da composição epistolar está exatamente nesse ponto, e sua sobrevivência eventual depende dessa presença viva.

35

De volta ao Brasil, passei os dez anos seguintes largando para trás, penosamente, o ideário regressivo que havia me formado, com suas ilhas mentais utópicas, pequenos sonhos costurados de uma vida de empréstimo, lugares em que jamais estive de fato mas que pareciam fornecer, na sua urgência delirante, o único ar que eu poderia respirar. Há uma relação sempre inescapável entre visão de mundo e escrita. Particularmente na arquitetura da prosa romanesca, que funciona por uma lógica de longo curso e não por um estalo de revelação (que parece a alma da poesia), o que pensamos miudamente do mundo e das pessoas é parte substancial do texto que escrevemos; há uma massa concreta de opiniões objetivas que respira, a seu modo, e com sua linguagem, em cada linha. Quando o sonho de fato acabou, naquela metade incerta dos anos 1970, parecia que eu não tinha nada para colocar em seu lugar, exceto uma urgência desajeitada de sobreviver, e me apeguei ao projeto de escritor como um fantasma desarmado. Vivi um limbo intelectual, sentindo a insuficiência dolorosa do que eu tinha na cabeça e uma dura má vontade diante do que me ofereciam em troca, em um Brasil irremediavelmente tacanho. O inadequado de sempre, mas agora sem casulo protetor, e, repetindo uma imagem que me ocorre sempre, sob uma rede tentacular de afetos que me imobilizava.

Que o sonho de fato acabasse era mesmo desejável. Não é fácil decidir afinal em uma sentença que sonho coletivo teria sido este que empolgou uma ou duas gerações inteiras e cujos reflexos e consequências até hoje são sentidos em todas as esferas da vida política e cultural. Também seria preciso delimitar que formas aquela difusa utopia assumiu no Brasil, e também quais seriam os sonhos particulares no lado de baixo do equador — os políticos, os artísticos, os religiosos, os sociais — dentro do sonho de comunhão universal. Sei apenas que em toda parte havia um invencível impulso irracional naquele desejo de mudança, um escapismo alucinado e surdo, tanto nos que se afundaram nas drogas para nunca mais, imaginando viver uma transcendência laica enquanto apenas apressavam a morte, quanto nos soldadinhos de chumbo que sonharam em tomar o poder à bala. Entre uns e outros, a sensata massa amorfa sobrevivia, sob um Estado onipresente e criminoso.

(Parêntese: o tempo domesticou a luta armada, felizmente com o triunfo relativo e ainda frágil da política; as armas acabaram migrando em defesa das drogas, agora sem charme, sem letras e já sem classe, da cocaína ao crack; e de tudo, parece, restou Deus, ou pelo menos um espiritualismo derramado, democrático e pragmático. O espírito da prosa daqueles tempos, esvaziado de voz, substância e prestígio, refugiou-se nas fórmulas da autoajuda e enfim foi popular, nas mãos da multidão assustadora (e ávida) dos novos leitores, que nasceram com o fim do idílio agrário da vida natural e sem concessões e o triunfo agressivo do liquidificador urbano. A afirmação romântica do valor do indivíduo, que explodiu nos anos 1970 para transformar o mundo, acabou por enterrar o romantismo, que sobrevive apenas como resíduo *kitsch*, enquanto o idealismo passou a ser perigosamente função exclusiva de Estado, com o qual, imaginamos, nada temos a ver. O olhar idealista, se resta algum, parece que se realiza apenas por golpes de decretos e leis, o que arrepiaria a alma de um bicho-grilo do meu tempo; e o guru universal da entrada do século XXI não foi nenhum filósofo, mas Steve Jobs, um inventor de traquitanas digitais com gênio comercial, um misto de Corbusier, Disney e Thomas Edison, cujos objetos foram capazes de galvanizar (e infantilizar) corações e mentes do mundo inteiro. Não por acaso, alguém que se criou no espírito da contracultura, mas posto à solta na grande arena capitalista do mundo, sem nenhum sonho de retorno tribal. Mas isso veio depois.)

Minha pequena cidade inventada, quando enfim se publicou, em 1980, já nasceu morta. O pé querendo avançar, a cabeça olhando para trás, o corpo indeciso na encruzilhada, e eu, um escritor sem linguagem, copiando formas. É verdade que a cópia ajuda, como sabem os candidatos a pintor, desde que se saiba o que se está fazendo, o que não era exatamente o caso, uma vez que eu recusava a ideia de paródia (o que parece especialmente estranho a alguém que poucos anos antes escrevera o desfile de caricaturas da *Sopa de legumes*), e sem ela minha cidade se esfarelava numa pretensão sem pernas nem repertório. Eu queria — sempre quis, porque foi minha formação de leitor e, volto à palavra misteriosa, minha *inclinação* — um eixo narrativo capaz de *falar a sério*. À maneira romanesca, isto é, não como este texto que se lê agora, em que há um desespero de que não haja distância entre mim e minha palavra; mas como alguém que institui um ponto de vista narrativo-ficcional e, com ele, organiza a representação do mundo, uma hipótese em que se entrevê um sistema de valores tomado como referência, pelo qual se responde frontalmente e do qual não se pode fugir. Esse senso de responsabilidade soa para mim como a sobrevivência da prosa, sua justificativa possível, quando todas as suas outras funções possíveis parecem preenchidas ou pela sedução dos recursos tecnológicos ou pelas artes visuais. Uma exigência problemática, eu sei, porque estreita o universo temático, ou melhor, o tratamento que se pode dar ao universo temático. Digamos assim, dogmáticos, mas provisórios: o objeto da prosa romanesca é a investigação moral da condição humana (talvez, melhor ainda, não a investigação — porque se trata de algo ainda não formado —, a *criação* moral), submetida ao estresse das circunstâncias, também elas criadas por pelo menos duas linguagens (ou mais concretamente: dois seres) que se enfrentam na mesma narrativa.

36

Quase ao mesmo tempo em que lançava *A cidade inventada*, saiu *Gran Circo das Américas*, um romance juvenil, e no ano seguinte, 1981, *O terrorista lírico*, um conjunto que sintetiza o emaranhado confuso de referências que eu vivia; o olhar sem nitidez, o passado se esvaindo e um futuro ainda sem cara tomando forma, a tenaz resistência a entrar no mundo adulto, o medo da transformação, uma linguagem que não sabe exatamente o que quer e para onde vai, o que talvez diga muito do Brasil em que eu vivia, ávido por respirar e ao mesmo tempo sem cabeça nenhuma para lidar com o que estava à frente, limitado penosamente a si mesmo e a um espelho estreito e embaçado.

Gran Circo das Américas foi um livro que resultou acidental, de uma fragilidade ligeira, ainda que, ao escrevê-lo, eu me imaginasse Graciliano Ramos e tivesse grandes planos, com a sensação de que, "agora sim", eu me tornava um grande escritor. Quando Caio Graco Prado me escreveu dando os parabéns pelo livro, enfim sem nenhum reparo, e dizendo que a Brasiliense pretendia publicá-lo na coleção Jovens do Mundo Todo, em edição destinada à 7ª série, estraguei a alegria de me ver editado por uma grande editora pela decepção profunda: o Graciliano sonhado se revelava um romancista escolar, para ser lido por adolescentes, na situação edificante das salas de aula. Irritação à parte, fazia sentido, pela estatura do livro.

Começava naqueles anos, no país, esta novidade: a produção sistemática de literatura direcionada aos jovens; falar em literatura "domesticada" talvez seja uma expressão forte, mas me parece verdadeira. Era uma novidade que a minha geração não conheceu. Até então, toda leitura relevante e realmente transformadora acontecia fora da sala de aula, por conta própria. Dos anos 1970 em diante, começou a produção em série de literatura escolar, narrativas produzidas objetivamente para a sala de aula, com folha de perguntas e respostas ao final do livro, o que coincidiu com o início da grande expansão da base escolar brasileira. Um estudo talvez estabelecesse a relação, se houver, entre a literatura escolar que vem sendo consumida há mais de trinta anos por crianças e jovens em sala de aula, e as listas de *best-sellers* comprados por adultos nos dias de hoje no Brasil, mas é preciso evitar uma interpretação chapada, porque as variáveis são muitas. Uma delas, quem sabe, é esta: a natureza necessariamente moralizante e educativa do texto escolar consumido para fins escolares (mesmo em forma de "romance", por mais criativo e imaginativo que seja) criaria um leitor adulto em busca dos mesmos limites edificantes de origem (o livro é lugar da autoridade do "saber", não do risco da experiência). O conceito de literatura que costuma mover o escritor independente é amplo demais para a domesticação escolar, o que explicaria por que a ficção, quando entra em sala de aula, do primário ao doutorado, quase sempre se transforma no célebre rinoceronte de Dürer.

A minha irritação atávica com tudo que cheirasse a mundo escolar oficial me incomodava (e mais agora, por má consciência, quando finalmente eu me tornava um bem-comportado aluno do curso de Letras); o fantasma sedutor da anarquia sempre me tocou (assim como tocou minha geração). Escrever um livro para ser lido em sala de aula me parecia uma entrega, uma rendição, uma covardia. Soa profundamente ridículo, hoje (como já soava então), mas o sentimento de mal-estar era verdadeiro, um arcaísmo visceral duro de romper.

O enredo do *Gran Circo* tinha um (deformado) fiapo autobiográfico: o menino Juliano, órfão criado por um tio, foge de casa para se juntar a um circo mambembe. Não me lembro mais o que acontecia, mas essa frase resume a alma do livro. (O mesmo tema amadureceu secretamente, e, dez anos depois, eu escreveria *Juliano Pavollini*, que é outra história, em todos os sentidos. Engraçado é que só recentemente percebi o óbvio parentesco entre os dois livros, até pelo mesmo nome do personagem; a diferença de maturidade técnica entre um e outro é evidente, mas muito mais importante é a existencial, a complexidade de um narrador, ou de uma voz narrativa, que já não escreve em causa própria, ou a serviço de uma pequena tese em que o autor se refugia, e que consegue, de fato, se afastar de si mesma.)

Tematicamente, a pequena tese resumia o quadro mental cristão-marxista dominante do meu tempo, com um tempero freudiano: de Freud, a ausência do pai, o tio carrasco, a fuga da família; de Marx e de Jesus (um Jesus ateu, na verdade), a ideia nunca exatamente superada de que os pobres de espírito e de dinheiro devem herdar a terra por uma justiça metafísica e são seres substancialmente bons. O circo mambembe do meu livrinho parecia uma sagrada pipeta de lona que conservava nossa condição humana em meio a um mundo corrupto e selvagem. O conceito de que o povo, entendido como entidade mítica, transcendente ao indivíduo, tem uma essência autêntica (e portanto boa), era um persistente resíduo que eu mantinha do meu guru, e que parecia permanecer no fundo do meu texto como algo necessário para dar algum sentido ao que eu escrevia, menos por crença minha (era antes um desejo de que isso fosse mesmo verdade, o que facilitaria meu mundo) e mais porque parecia não haver coisa alguma para pôr no lugar (e só então, de fato, minha literatura começaria a ficar em pé, com um narrador finalmente desarmado e já sem nada a perder).

Tal mitologia popular não era um acidente da minha experiência pessoal, mas o espírito do tempo, em geral, e muito especialmente um traço fortíssimo da percepção brasileira da realidade, que precisa antes de tudo conciliar a si mesma. É um conceito de povo que apaga o indivíduo, por irrelevante, e que, é claro, precisa de um intérprete (político, artístico, social) para evocar sua verdade profunda e indiscutível e apontar seus caminhos "autênticos".

Da oposição à ditadura militar, que durante a transição à democracia gerou uma Constituição paternalista e paralisante, em nome dos direitos do povo (mas sem descuidar da defesa marmórea e eterna dos estamentos privilegiados do serviço estatal, criando bolsões inexpugnáveis de utopia no meio da vida real do país), até a longa era Lula, essa entidade mítica permanece viva na alma do Brasil, ainda que tenha perdido seu prestígio no mundo da literatura, desde o império de Jorge Amado, talvez seu mais extraordinário tradutor, e criador, entre nós.

Meu circo teve uma vida curta, mas de tudo que escrevi durante muitos anos foi a coisa mais parecida com um *bestseller* que me aconteceu: esgotou a edição de 5 mil exemplares em seis meses, o que seria extraordinário ainda hoje — é claro que via adoção escolar, o que explica o sucesso. A festa acabou com uma rusga teimosa que era um sinal dos tempos e que afinal não foi tão edificante para o autor como eu gostaria de imaginar. Caio Graco me mandou o xerox de uma página do livro em que havia, assinalada com lápis vermelho, uma cena de sexo (não exatamente: um beijo e alguns amassos entre Juliano e a namorada, tudo muito casto e simplório), e o pedido: "Vamos cortar este trecho para a segunda edição porque as professorinhas do interior estão reclamando."

Se ele dissesse para cortar porque o trecho era ruim (e era mesmo), provavelmente eu aceitaria. Não há absolutamente nada errado no fato de um editor sugerir algo para o autor, desde que a decisão caiba ao autor. Mas cortar um parágrafo para adaptar o livro à escola pareceu demais para a minha indevassável pureza de escritor iniciante, e respondi a ele com desaforos revolucionários. Entretanto, já pressentindo que se tratava de um romance menor, propus ao final, com alguma afetação, que em troca do corte ele publicasse um livro de poemas que eu havia escrito. Era uma proposta que no mesmo momento me soou desagradável, travada, uma pequena canalhice de escritor, uma chantagem miúda. Ele aceitou, mas se referiu aos poemas com tanto (e provavelmente) justo desprezo que me caiu a ficha, em definitivo: jamais negocie literatura. Faça negócio com livros, não com o seu texto. Assim você começa mal, eu mesmo me disse, com a angústia insuportável dos imaturos — e respondi agressivo reiterando desaforos e rompendo o acordo: encerramos *O circo* na primeira edição, não houve livro de poemas e ficamos anos sem nos falar. E as três coisas foram ótimas.

37

Do ponto de vista técnico, considerando o feijão com arroz sintático e semântico de um registro realista básico, meu circo era afinal um livro bem realizado — sem nenhuma dificuldade aparente meus personagens já conseguiam levantar-se da cadeira, dar passos objetivos em direção à porta e abri-la sem muitos entraves; e quase sempre, livre das "descrições inúteis", eu resistia firmemente a fazer prosa poética e me embevecer com a própria frase em torneios aporrinhantes e escapistas. Já estava vivo um certo espírito despojado da prosa que seria a marca do meu texto. Aqui e ali o narrador ainda cometia algumas "verdades", que eram como que expressões de um ideário ideológico-sentimental com toques altissonantes (ou talvez apenas de um desejo de superação pessoal): "Finalmente a solidão: ele era capaz de suportá-la, de vivê-la, de enfrentá-la, mesmo com todo o medo do mundo", lemos na última página do livro, mas eu já vivia uma consciência nítida dos perigos do didatismo literoexistencial nas mãos de um narrador, digamos, "onisciente".

E havia outro detalhe técnico que o livro amadureceu: o domínio dos diálogos, praticamente ausentes da minha velha cidade inventada. No circo, todos conversam, o tempo todo. Como preciosismo, quase nunca aparecem os verbos *dicendi*, os "ele disse", "falou ela", que extirpei do romance como se fossem ervas daninhas, o que resultou em marcações simplesmente implícitas pela pontuação, com um toque teatral (e o ouvido para o teatro foi uma das influências da minha literatura). Não era um detalhe casual ou uma criação avulsa da minha linguagem; eu apenas respondia a uma provocação do amigo Rio Apa, que havia me acusado, com razão, de "não saber fazer diálogos". O romance resultou quase que inteiro dialogado, o que talvez explique sua fácil recepção. Leitores iniciantes (e não só eles) gostam de diálogos, até pelo espaço em branco que provocam na página, descansando os olhos da massa do texto (é preciso preparo para se chegar à mancha gráfica de Thomas Bernhard, que nos asfixia também pelos olhos); e a vivacidade (quando bem construídos) dos diálogos dão a sensação de que a leitura flui mais rápida e logo chegaremos ao fim da narrativa. (Há sempre um invencível resíduo escolar de infância de que leitura é uma obrigação penosa, que deve ser habilmente disfarçada: "De que serve um livro sem gravuras?", perguntava Alice. O diálogo é a gravura dos adultos.) Além de que, nos momentos de crise de imaginação, uma sequência dialogada em travessões na forma clássica nos dá a sensação de trabalho realizado, muitas linhas com poucas palavras; assim não se perde o dia e se evita a clássica depressão do escritor cuja cabeça deu um branco — é claro que isso é só uma brincadeira, mas às vezes eu recorria de verdade a essa pequena trapaça para salvar as aparências.

    O engraçado é que minha recusa a usar a clássica fórmula do "ele disse" se transformou numa pequena obsessão, que levei adiante durante muitos livros, como esses desafios poéticos de escrever sonetos sem usar a letra "a". Imagino que todos os escritores (todas as pessoas) conservam pequenas manias formais, às vezes francamente irracionais, que tocaram na alma em algum momento e lá restaram para sempre.

Finalmente deixei de me preocupar com isso, até porque minha linguagem foi ficando cada vez mais intimista, reflexiva, e menos convencionalmente dialogada. De qualquer forma, desse breve jogo com os verbos *dicendi* retive a ideia central (e óbvia) que deve mover todo escritor: jamais escreva uma só linha sem pensar em cada palavra do texto. Nunca se entregue ao impulso automático, eu me dizia, porque nele quase sempre só desembarca o que já se escreveu. O texto não está pairando numa nuvem do cérebro que só você conhece, mas desenhado concretamente sobre o papel, e é só a esse desenho, cada ponto e cada vírgula, que o leitor tem acesso.

(Talvez essa recusa ao impulso automático só seja mesmo significativa no período de formação do escritor, quando ele ainda não sabe qual é a sua linguagem e o que ela pode se tornar. Já escritor maduro, repetindo o que frisei em outro momento deste livro, sinto que a própria linguagem frequentemente encontra soluções como se a mão escrevesse sozinha, um mistério que me parece impossível para quem está começando.)

Pois bem: finalmente, parecia, eu era capaz de contar uma história longa com começo, meio e fim, com uma estrutura narrativa homogênea e personagens bem-delineados o suficiente para merecer a atenção de uma grande editora e se encaixar numa série importante de literatura juvenil. Hoje, seria o suficiente para começar uma carreira profissional, pela imensa ampliação do mercado dos livros que o Brasil está vivendo, bem diferente da situação precária de quarenta anos atrás. Mas tudo conspirava contra: a mera ideia de uma "carreira profissional" como escritor, se eventualmente me ocorresse, me daria urticária, uma traição ao "princípio de utopia" que (já retardatário, naquele final dos anos 1970) ainda tentava nortear minha vida; a inflação, o amadorismo e o oportunismo editorial, e a estreita faixa de leitores num país teimosamente de alma rural não favoreciam a sobrevivência de escritores economicamente independentes; e, enfim, o livro juvenil resultou acidental (eu pretendia escrever para a eternidade, mas o descompasso entre a cabeça pequena e a realidade grande me jogava ao chão), e decididamente não era aquilo que eu queria. De qualquer forma, se há algum método nos acidentes da vida, eu agora conseguia ampliar a competência aparentemente simples do olhar realista que me permitiu escrever o breve conto de Coimbra, para uma narrativa de duzentas páginas, medida que acabou por se tornar o meu "fôlego padrão" de romancista.

Sim, capaz de contar bem uma história, mas isso não fazia de mim exatamente um escritor (embora fosse um dos seus pressupostos, diante do quadro que eu projetava para mim mesmo). A pergunta a fazer era outra agora: afinal, o que eu tinha mesmo a dizer? Não é preciso frisar que a qualidade estética daquele livrinho nem de longe justificaria essa hermenêutica de narciso, mas estou tentando investigar outra coisa: por quais caminhos cheguei aqui, pensando o que penso nesse espírito da prosa que agora escrevo? Desencavar esta palavra difícil: formação.

Meu mundo mental permanecia estável em seu casulo, por assim dizer: se eu fosse extrair do livro alguma ideologia organizada, iria encontrar personagens fora do sistema de produção capitalista, a idealização sentimental do circo como preservação de uma condição humana supostamente autêntica (mas, digo a meu favor, uma idealização prosaica, sem me entregar ao derrame da conciliação poética), a arte popular como redenção dos valores da vida e uma afirmação cigana (mas otimista) do indivíduo, capaz de se realizar numa organização familiar com toques tribais. A velha experiência da comunidade, que marcou minha passagem à vida adulta, sublimava-se literariamente ali, com alguns impulsos freudianos nos conflitos do personagem principal, talvez o único detalhe não conservador da narrativa.

Em suma: a cabeça do escritor continuava no mesmo lugar de dez anos antes. Mas agora ela começa a "dar um sentido" à sua experiência pessoal, de um modo não consciente — a ficção, por si só, apara as arestas do caos, põe nele uma moldura e desenha os limites do mundo. De qualquer forma, minha ideia central de literatura romanesca estava ali: eu partilhava ficcionalmente uma experiência (ainda imaginando que a experiência está lá, e eu aqui). Sei que é uma crueldade reduzir a representação ficcional a um quadro esquemático de ideias (ela nunca será um esquema fechado, porque a fruição narrativa cria uma rede impalpável de estímulos e referências únicas para o leitor), mas o que aquele escritor iniciante tinha a dizer era de fato isso, agora com mais competência técnica.

Uma competência que, aliás, iria regredir no próximo momento de formação.

38

Do ponto de vista literário, aprender a escrever não é uma competência genérica e abstrata, aplicável imediatamente em qualquer caso. O que é verdadeiro na passagem da oralidade para a escrita — desde crianças, dominamos linguagens específicas, usos concretos da língua, e só penosamente vamos conquistando o controle de linguagens distintas, que são os gêneros da escrita — é igualmente verdadeiro na literatura. Há prosadores incapazes de redigir um verso, e poetas que tremem diante da ideia de escrever um requerimento oficial (o que um prosador típico deve saber fazer, se por acaso inventar um personagem burocrata). Na vida real, não dominamos códigos abstratos polivalentes, mas gêneros da linguagem. Na literatura, parece que cada bom escritor avança construindo seu próprio gênero, ou pelo menos os limites de sua linguagem dentro do campo maior dos gêneros literários, dos usos coletivos que temos à disposição ou a que somos submetidos. A escolha do foco narrativo, o ponto em que se coloca a câmera, retomando essa imagem, estabelece o ponto de partida da visão de mundo do escritor, e poucas linhas adiante já estamos enredados nos limites que nós mesmos colocamos no nosso texto. A chamada liberdade criativa, que gostamos de evocar poeticamente, é de fato a camisa de força que autoestabelecemos. A primeira palavra do texto, que é assustadoramente livre, como que firma no mesmo instante, pela sua simples e única formulação, um compromisso, uma direção, uma estatura, uma rede de formas e sentidos de que não podemos mais escapar sem danos.

Com meu pequeno circo, desde a primeira frase ("O circo chegou.") passei a dominar os elementos básicos de uma narrativa convencional contada em terceira pessoa, com um bom controle do tempo, o começo, o meio e o fim bem estabelecidos, num espaço realisticamente reconhecível (embora sem precisão geográfica; não há nenhum nome de cidade ou referência específica), onde se movem caracteres igualmente discerníveis, tudo de acordo com um modelo, digamos, universal. Era uma forma básica, conservadora, eventualmente apropriada para o quadro mental limitado que naquele momento me movia como escritor. Era como se a síntese de minha experiência pessoal e intelectual encontrasse ali a sua formulação literária, a sua proteção e a sua justificativa.

Mas no final dos anos 1970 aquele ideário se mantinha apenas artificialmente na minha cabeça, um resíduo emocional que eu não queria largar. Os solavancos da vida real, o contato atrasado com a universidade, como aluno de Letras, o casamento, a implosão do refúgio comunitário e de sua segurança afetiva e a simples busca da sobrevivência — enfim, a tentativa de uma afirmação adulta diante do mundo refletiu-se imediatamente no meu texto.

O terrorista lírico, o romance seguinte, escrito em 1979, foi um momento bizarro da minha vida também porque, pela primeira e única vez, comecei um livro sem ter a menor ideia de como iria acabá-lo. O escritor começava de novo. Até nas implicações comerciais da edição: rompido com o grande editor de São Paulo, resolvi me associar a um escritor amigo que tinha planos de fundar uma editora, a Criar Edições, de Curitiba. Assim, por um curto período fui meu próprio editor, até descobrir rapidamente que esse não era nem remotamente o meu ramo profissional. Mas naquele tempo curto cheguei a alimentar o sonho da autossuficiência total, e delirei com a ideia vaga de, quem sabe, viver de meus livros (literalmente meus, já que seria meu próprio editor). O sonho durou um único livro, que começava assim:

Maio, 17

Resolvi comprar papel, tenho muito que escrever. Os pensamentos se perdem; às vezes, ideias geniais de um dia desaparecem no outro. Luto para recordar, e não consigo — como se a memória estivesse contra mim, tentasse me ocultar, já que não pode me destruir. Agora não: escrevo.

A escrita é mesmo admirável. Este amontoado de letras! Riscos, pontos, rabiscos, vírgulas, que coisa solene! E a mão, que dócil!

Não há dúvida, sou um grande escritor.

dia 18

Reli mil vezes as linhas de ontem. Devo controlar as exclamações, um recurso fácil demais.

[...]

Se naquele tempo existisse Internet, esse texto seria a típica abertura de um blog, com o "comprar papel" trocado por "abrir este blog". A diferença é que, no blog, o narrador quase sempre é o próprio autor — a expressão linguística do blog é parte do evento da vida do blogueiro e não uma construção estética isolada, o que determina o seu gênero. Em suma: no blog o texto seria simplesmente sincero, não afetado objetivamente pela independência e autonomia literárias. Uma classificação dos blogs como gêneros literários talvez encontrasse na confissão pessoal a sua corrente majoritária.

No caso do terrorista lírico, desde o primeiro instante o narrador é um personagem, Raul Vasquez, com o qual eu mantinha uma relação ideológica (no sentido amplo) mais ou menos ambígua (o que é uma das essências da linguagem romanesca). Em síntese: Raul Vasquez é um pequeno burocrata, funcionário público, que, com um conhecido eventual, resolve dinamitar a cidade (grande) em que vive. Quem fornece as bombas é um velho senhor vegetariano chamado Gepeto. E Raul tem uma companheira de nome Tânia. Tudo no livro é nebuloso, o que poderia ser um registro simbólico interessante, não houvesse a pesada sombra de uma intenção realista. O resultado é um desastre, uma sucessão de escombros estruturais de um escritor perdido num rito de passagem em busca de sua linguagem.

O curioso é que aquele pequeno Bin Laden de província tem motivação (se dá para conceder que há ali uma motivação) psicológica, mais que ideológica. É uma espécie de "pobre-diabo", outra das figuras apagadas de escritório que sempre tiveram espaço na literatura brasileira: a expressão tacanha de um universo mental que nunca chegou a se urbanizar, e portanto se internacionalizar. Todos vivem num quintal da infância, de onde não conseguem, nem querem, sair. O meu impulso realista tenta se infiltrar nesses detalhes cotidianos para lhe dar sustentação, mas todo o resto é de um inverossímil completo. Se fosse para defini-lo filosoficamente, Raul Vasquez seria um niilista em estado puro, mas ele não tem um discurso à altura (como o próprio autor não tinha) de nenhuma dimensão filosófica consistente com a ambição esboçada ali.

E o que sobrava de realismo era um realismo preguiçoso: nas mãos de qualquer autor inglês ou americano, Gepeto seria um especialista em explosivos da Guerra do Vietnam, desertor refugiado no Brasil (digamos), e suas espoletas mortais, mesmo que absurdas, seriam descritas com requintes de enciclopédia. Certo: é a fórmula dos *best-sellers*, do cinema e da literatura de massa, mas eu poderia aprender este detalhe básico da linguagem realista, que é o apurado sentido da observação, fundamental quando a voz alheia que criamos — o personagem — tem de ter um bom grau de autonomia. Raul Vasquez restou uma pura figura mental — como todo personagem, é claro, mas no caso dele os andaimes de sua criação não conseguem deixá-lo em pé e estabelecer a ponte, por mais frágil que seja, com o mundo real, o princípio universal da empatia literária. Assim, ao mudar subitamente o meu registro literário, modernizando a estrutura narrativa (que em *O terrorista lírico* se constrói aos fragmentos, composição aleatória de capítulos, trechos de diário, poemas, notícias de jornal, tudo sob a organização discursiva do protagonista), a consistência realista, que teria de ser outra, desabou. Nesse aspecto, *Gran Circo das Américas*, mesmo sendo um livro medíocre, é visivelmente mais bem construído que *O terrorista lírico*. Neste último, não é mais a competência simples de — retomando minha imagem — fazer o personagem atravessar a sala e abrir uma porta que é relevante. Mudando o lugar da câmera, agora diretamente para o cérebro do personagem (tudo é visto pelos olhos dele), a rede de amarração de sentidos passa a ter outra natureza (linguagem, sintaxe, vocabulário, referência, a presença do coloquial e da intimidade direta não mediada pela frieza de um narrador externo), que eu simplesmente ainda não dominava. O que eu havia aprendido no livro anterior não me era mais útil nesse novo projeto.

Esquecendo a natural limitação técnica do então jovem escritor que se arriscava em outras linguagens, o que me intriga hoje ao folhear o livro é a relativa simpatia que o autor mantém diante do seu personagem: um psicopata assassino, capaz de, sem a mais remota motivação objetiva, dinamitar um prédio, matar trinta pessoas e depois preencher uma ficha em casa sobre os resultados da operação, é visto, da perspectiva axiológica do texto, de seu sistema implícito de valores, como alguém passível de ser compreendido como um justiceiro, talvez uma vítima. Pior: alguém que de algum modo se salva no fim do livro ("Notas sobre o fim" é o título do último capítulo) — um final de livro que é messianicamente um fim de mundo, a cidade em escombros —, ao desabar no choro como uma criança e buscar a redenção pessoal (quase "poética") com a mulher amada, em sua fuga mais ou menos lírica para o mar. Um mar que, herdado do meu guru, prosseguia teimosa e simbolicamente como um arquétipo essencial de alguma alma da natureza que eu precisava preservar diante da corrosão da vida moderna.

Embora Raul não seja porta-voz de nada — não é um comunista nem um fanático religioso (a questão do terror de raiz islâmica, que hoje seria a referência instantânea de qualquer leitor diante dessa história, estava ainda fora do quadro mental do Ocidente naqueles anos); e ele não é também um revolucionário anarquista de qualquer bandeira (embora o nome espanhol que lhe dei não tenha sido um acaso). Nada, de fato, é "social" em Raul Vasquez —, mas há, subjacente, um resíduo de explicação para aquele delírio. Era um conceito poderoso que alimentou a ressaca dos anos 1970, com a profusão de ditaduras na América Latina e pelo mundo periférico afora, e a divulgação espetacular dos crimes de guerra americanos — a ideia de que a democracia ("burguesa", "capitalista") é uma fraude, e que diante das ditaduras (ou mesmo sem elas, como na Europa) a luta armada, a violência e o terror são recursos legítimos de "libertação" (e neste mitema cabe qualquer coisa).

Foi uma década substancialmente tolerante com o espírito de contestação, de qualquer natureza; e quando a utopia inocente e desarmada dos rousseaunianos de todo tipo que se divertiram em Woodstock parecia se converter, para quem visse de longe, na objetividade jacobina dos revolucionários de Estado, em busca do poder total a qualquer custo, a transição ia sendo absorvida naturalmente por um certo senso comum de classe média ansiando por uma nesga de sonho.

Até hoje há quem considere as Farc, ainda ativas, ou os brigadistas italianos ou os terroristas alemães do Baader-Meinhof daqueles tempos, apenas idealistas confusos que devem ser mais compreendidos que combatidos. O eco dessas figuras violentas que povoaram maciçamente o noticiário político dos anos 1970 ressoa no meu livro quase por conta própria, já que nunca aceitei a luta armada como legítima ou pelo menos inteligente — no Brasil, ela serviu apenas para reforçar profundamente a ditadura. Embora, é verdade, como quase todo mundo com alguma sensibilidade do meu tempo, mantivesse uma simpatia secreta por tudo que pusesse a ditadura em xeque e em choque.

Literariamente, *O terrorista lírico* poderia ser o diário de um louco, um pequeno e insignificante funcionário que cria, psicótico, uma vida paralela violenta e transformadora (o que seria, quem sabe, uma boa ideia romanesca), mas de algum modo essa informação teria de passar, em algum instante, ao leitor, para criar um eixo de referência não relativo. Ao tornar a trama inteira "realista", uma opção insustentável diante dos meus recursos, o narrador destruiu o potencial do livro, largando-o sem pé nem cabeça num limbo de valores (no sentido ideológico mesmo) e num limbo de linguagens, tateando formas — o que era exatamente o meu caso, naquele momento da vida.

A velha utopia de uma vida autêntica e natural ainda tentava respirar e sobreviver, já por aparelhos, agora completamente fora de seu hábitat, longe da proteção comunitária. A única solução, imagino agora, era destruir a cidade, dinamitar a vida urbana, a universidade, a família, a estabilidade burguesa e aquele futuro único que me esperava, inventando um lugar nenhum qualquer que me salvasse — e encarreguei Raul Vasquez de fazer o serviço sujo, largando palavrões pelo caminho, que soam rebeldes pelas páginas com a naturalidade de batatas quentes queimando a língua do autor. Um serviço sujo que ele fez, confuso, desajeitado, inadequado, procurando sem sucesso, em cada linha, seu próprio lugar no texto que inventava.

O momento imediatamente seguinte (com início em agosto de 1980) é outra guinada regressiva, ou pelo menos biograficamente regressiva. Quase uma década depois, tentei dar dimensão literária ao roteiro caricatural da velha *sopa de legumes*. Como se vê, continuava mirando o espelho retrovisor. Assim surgiu o *Ensaio da Paixão* (originalmente *Devassa da Paixão*). Dar "dimensão literária" significava domesticar o puro impulso de humor, sem rumo nem método, que me levara a compor a *sopa*. Ou, dizendo de modo academicamente mais preciso: eu precisava transformar um evento da vida — a *Sopa* tinha sido exatamente isso — num objeto estético. Isto é: eu teria de criar uma estrutura narrativa fechada, um começo e um fim, em partes organicamente equilibradas; eu teria de compor personagens, e não apenas dar o nome dos conhecidos para que os conhecidos se lessem; eu teria de sair da cozinha das minhas referências pessoais e familiares para o mundo aberto do leitor anônimo; eu teria de dar uma dimensão maior, artisticamente articulada, à sátira cega do primeiro texto; enfim, eu teria de colocar o livro no mundo, dar a ele o seu limite estético, o que significa amarrá-lo no tempo, no espaço e nas ideias, desgarrando-o dos limites da província mental solta e divertida que escrevera a *Sopa de legumes*. E eu teria — talvez o mais difícil — de submeter à crítica ficcional o mundo mental comunitário que havia me formado e de que eu não conseguia (afetivamente) me livrar, embora (intelectualmente) este mundo, a cada dia, tivesse menos a me dizer. Em outras palavras, eu teria de desidealizar o passado, essa tarefa essencialmente antiépica da consciência moderna e contemporânea. E o passado não é apenas o mundo objetivo dos outros, no lado de lá: o passado inclui os olhos que veem, afundados até o pescoço no que precisa ser desmontado peça a peça, para que se iluminem plenamente.

(Às vezes me ocorre que parte do pensamento filosófico contemporâneo, particularmente em sua linhagem francesa, que continua dominando a academia brasileira, os divulgadores de Sartre e de Lacan, e eles próprios, representa uma imensa e irritadiça catilinária girando em torno de uma culpa essencial, imemorial e irracional de tudo que agirá em nós à nossa revelia; o clássico conceito marxista de ideologia, em sua linha mais esquemática — o pensamento entendido como expressão inescapável e determinada da consciência de classe, que somos moralmente obrigados a exorcizar em sessões de cabala teórica (quando não em tribunais de fuzilamento) — encontrou o seu equivalente psicológico a partir da teoria freudiana, agora de substância biológica: você não tem por onde escapar, porque não depende de você.)

Pois bem, eu sabia de tudo isso: de todos os meus romances, o *Ensaio* foi o de construção mais objetiva. Inventei uma bela ilha quase desabitada no sul do Brasil (a velha imagem da utopia escapista), onde um profeta louco, que fala com Deus, recria todos os anos uma Paixão de Cristo, contando com um animado público urbano dos anos 1970, com suas figuras típicas: um próspero corretor de imóveis, um rico e culpado publicitário, estudantes vivendo de chavões, um escritor respeitável (Antônio Donetti) com um fiapo de má consciência, um navio de mulheres liberáveis, alguns pescadores nativos da ilha (completamente alheios àquela "revolução") e bichos-grilos alternativos em geral. Há uma divisão nítida entre o mundo da esquerda e o da direita, agora claramente delimitadas, embora sem nenhum maniqueísmo chapado; felizmente, o narrador não perdoa ninguém, mas reserva um nicho carinhoso para uma certa dimensão poética da vida: há umas figuras puras (ainda no sentido rousseauniano) que se preservam. Um dos personagens, por exemplo, está sempre acompanhado por um anjinho que só ele vê e que o atormenta com sentimento de culpa. Alguns personagens foram diretamente calcados em pessoas reais da antiga comunidade, mas agora eram, de fato, no sentido tradicional do termo, "personagens". E o registro do livro é fantástico, influenciado pelo realismo mágico que ainda fazia algum sucesso: além do anjinho, há personagens que levitam, um vampiro verdadeiro, a voz de Deus; e a ilha acaba cercada por submarinos da ditadura (que suspeitam haver naquele Woodstock tupiniquim um foco guerrilheiro perigoso). Acontece uma invasão militar, todos vão presos e o profeta é assassinado; o registro do texto vai ganhando uma inesperada seriedade (talvez seja relevante informar que eu acabava de ler sistematicamente *Os sertões*, de Euclides da Cunha, numa ótima disciplina que havia cursado na universidade), uma seriedade que quebra a unidade romanesca do texto (uma quebra que não dá nada em troca ao leitor), o que talvez seja a sua fraqueza, por inconvincente.

    O toque semiépico do final foi o verniz idealizador de um passado muito próximo que eu ainda era emocionalmente incapaz de recusar ou destruir.

(Parêntese: o verniz idealizador, esta arte brasileira. Especulo que efeitos ele teria sobre a constituição da nossa prosa pós-anos 70. Ou a conciliação afetiva, ou o escapismo poético, ou o partidarismo tacanho, todos inimigos mortais do espírito da prosa, ou simplesmente uma dificuldade estilística visceral de lidar com o olhar múltiplo da prosa romanesca, que se apagou nos anos 1970. Pode-se argumentar que essa é uma questão falsa porque o romance já há um século está morto como gênero. Nesse caso, seríamos o povo mais moderno do mundo, o que explica por que lá fora, onde o romance continua sendo o gênero ficcional reflexivo por excelência do mundo contemporâneo — Coetzee, Roth, McEwan, Pamuk, Houllebecq, Rushdie, Llosa —, ninguém parece interessado em nos ler.)

O *Ensaio da Paixão* acontecia num momento de transição importante para mim (descobrindo a linguística na universidade, por exemplo, e mergulhando, pela primeira vez, no que seria de fato a linguagem da ciência, o que foi um outro estalo na minha vida, este de natureza epistemológica). Em suma, a cabeça ainda olhava para trás, já com algumas reservas, mas a mão, indócil, tentava escrever para a frente. De qualquer forma, o *Ensaio* é um livro que não me dá vergonha. Decidi mesmo republicá-lo (com uma revisão estilística bastante significativa, no ano 2000), já que minha literatura começa de fato com esse livro.

40

Volto ao início: o dia em que matei o poeta em mim para que dele surgisse, enfim, o prosador em tempo integral. (Atenção: é preciso não tomar esta dicotomia entre o poeta e o prosador literalmente, o que seria ridículo. Eu me refiro, à maneira de Bakhtin, ao *modo de apropriação da linguagem, a natureza da relação que mantenho com ela e com as vozes alheias no momento de escrever.* Tenho esperança de que o que vai se dizer em seguida deixe isso mais claro.)

Estudante tardio de Letras, marmanjo entre crianças, e ao mesmo tempo criança entre adultos, aporrinhava-me profundamente com as aulas de teoria literária, que me pareciam (ainda me imaginando um herói romântico num velho circo mambembe) a "morte da poesia". Na virada dos anos 1980, eu ainda não tinha um repertório com alguma solidez para contrapor às aulas que ouvia, aplicado, com uma resistência surda e ignorante. Mas um certo espírito de disciplina nunca me abandonou — e a vida real, violenta, estúpida, agressiva, inexplicável e exigente, começava a me esmagar. E assim comecei a esmiuçar, com uma terrível má vontade, "o problema da linguagem poética" ou "o sentido da palavra poética", num livrinho para mim absurdamente hermético de Iúri Tiniánov. Eu tinha de resenhar aquilo, ainda sem saber o quanto essa entrada traumática no chamado "formalismo russo" iria marcar minha vida acadêmica, e, é claro, por tabela — foram 24 anos —, minha vida.

Em suma, Tiniánov (1894-1943) apresenta alguns tópicos fundamentais para definir a natureza da linguagem literária, entre eles a distinção entre poesia e prosa, sob uma perspectiva de intenção científica, a mesma que animou o largo e heterogêneo movimento teórico (predominantemente russo) mais tarde apelidado de "formalista". É um selo genérico em que cabe um pouco de quase tudo, mas que é suficiente para definir a primeira tentativa de aproximação *científica* da literatura. (A palavra "científica" não está sendo usada pejorativamente aqui: era, de fato, a intenção de origem, contrapondo-se frontalmente às aproximações filosóficas, culturais, sociológicas, históricas ou mesmo tautologicamente *poéticas*, que até então, segundo os próprios formalistas, haviam dado as cartas na apreciação da literatura.)

Vou tentar entender aquele novo momento da minha vida.

De modo geral, a revalorização formalista que explodiu na esteira dos anos 1970 a ponto de chegar às aulas de Letras (bem considerado, eu tive a sorte de fazer um bom curso de Letras) de uma universidade periférica dentro da própria periferia brasileira dava involuntariamente o tom e a direção da morte do espírito da prosa entre nós, uma prosa romanesca já reduzida à literatura de segunda, num momento em que o discurso oficial da ciência, representado pela universidade, passava a ser crescentemente dominante, até por falta completa de contrapartida. Se isso foi mesmo um problema, este estaria no fato de que a universidade passou rapidamente a "cooptar" os melhores artistas, fundindo no mesmo gesto ciência e arte, de que sentimos reflexos até hoje. (Cooptar: uma palavra que começava a circular naqueles anos, a ideia de que o *sistema* precisava contar com as melhores cabeças e de que o clima de polarização política, que tocava todas as coisas, precisava ser suavizado em nome de uma sobrevivência comum.)

Assim, ciência e arte passavam a representar quase a mesma atividade, entendido aqui o conceito de ciência como uma operação tecnocrática despojada de implicações filosóficas, retomando um certo espírito da virada do velho século XX. O que criava o paradoxo, típico do tempo, do inspirado poeta porra-louca que, ao mesmo tempo, se fazia um autoritário porta-voz da ciência literária. Isso num primeiro momento, o da passagem de um tempo a outro; logo em seguida, uma legião bem mais comportada de professores-escritores ocupou sistematicamente esse espaço de quinta-coluna literário-científica, domesticando a imaginação de acordo com a pauta da autoridade acadêmica, o que tem consequências poderosas até nossos dias.

O engraçado é que aquela aproximação do texto literário com pinça de relojoeiro encontrou em mim mais uma resistência emocional do que propriamente intelectual; relembro novamente que, como milhares de adolescentes brasileiros da minha geração, fui formado pela trinca Monteiro Lobato, Júlio Verne e Conan Doyle (ou, melhor dizendo, Sherlock Holmes); portanto, a tentação de *apreender* racionalmente a linguagem literária me atraiu em segredo. Até porque, pela primeira vez, senti em mim mesmo o que posso chamar algo imprecisamente de *fraqueza teórica* — eu estava sendo exposto a informações desconhecidas sobre o meu próprio trabalho de escritor e, chegando já aos 30 anos, pressentia que precisava romper com a crença cega na intuição que até então parecia me mover (embora, é claro, minha cabeça literária nunca tenha se entregado a, digamos, iluminações; eram apenas trancos e barrancos que me levavam adiante, como, aliás, costuma acontecer com todo mundo).

Um momento de transição: um prosador autêntico, como eu (atenção, antes que me acusem de cabotinismo: isso não quer dizer que eu seja um bom prosador; apenas que sou, *visceralmente*, ou — volto a esta palavra que me agrada, pela sua delicadeza sugestiva — por *inclinação*, um prosador), um prosador não conseguia encontrar em lugar algum uma justificativa para a sua existência. Alguém que, súbito, percebe que nasceu morto. Para onde quer que olhasse, o microcosmo da província reproduzindo o mundo a seu modo, na pacata era pré-Internet, não havia lugar de prestígio para sua prosa. A opção seria retornar ao casulo mágico-irracional de sua comunidade imaginária, mas esta não existia mais, exceto como memória, o *kitsch* da nostalgia. Duas opções: "vire-se", a saída ativa; ou "aliene-se", a saída autocentrada. Curiosamente, acabei por fundir as duas coisas, virando-me em silêncio e educando uma controlada indiferença.

Havia sempre a alternativa (ou, melhor dizendo, o perigo) de eu me entregar com autoindulgência ao complexo de inferioridade e sair chutando o pau da barraca e quem estivesse dentro dela (às vezes cedi a essa tentação saborosa, mas em escala felizmente caseira, no conforto da mesa do bar). Seria o simples direito à fúria transformado em condição estética, como naqueles filmes horrorosos em que, irritado por um congestionamento de trânsito, o pacato cidadão sai matando Deus e o mundo com os poderes homérico-poéticos de seu ressentimento. Afinal, ninguém minimamente importante — na verdade, apenas *ninguém* — havia dito uma só palavra sobre os meus três primeiros livros. Era bem melhor o retorno instantâneo, volátil e ridente dos saudosos tempos da *Sopa de legumes*.

Mas o poeta, escanteado quase que definitivamente pelo prosador, ainda resistia, como uma espécie de reserva literária diante do fracasso irrecuperável do romancista. Do livro de poemas (na verdade, era um só poema longo) que tentei negociar com o editor de São Paulo em troca da censura ao meu circo mambembe, lembro de um único verso: "A última carteira de Minister custará seis milhões de dólares." (Aos mais novos, Minister era uma célebre marca de cigarros.) Era para ser engraçado, mas o tom dos versos falava a sério, resvalando para um escárnio mal disfarçado, teimosamente revivendo um poético fim dos tempos, a escatologia messiânica do terrorista lírico e um invencível rousseaunismo. Bem, talvez uma carteira de Minister acabe mesmo vendida por milhões de dólares na Sotheby's, mas isso não será exatamente o fim do mundo — pelo menos não como pretendia o poeta.

Na sala de aula, entretanto, enquanto tentava entender Tiniánov, escrevia grosseiramente versos à Oswald de Andrade, sob o título genérico de "Modos de assassinar a poesia", que repassava aos amigos próximos para que se divertissem, quem sabe buscando reviver o segredo da *Sopa de legumes* e de sua felicidade agressiva, solitária e alegre. Daquele literoanarquismo inconsequente, criança entre adultos, surgiu enfim, por caminhos tortos, o escritor maduro; e a passagem do poeta para o prosador, naquele momento uma passagem puramente instintiva, explica por que gostei tanto de Bakhtin ao descobri-lo poucos meses depois.

Historicamente, Bakhtin respondia a Tiniánov — ou ao formalismo russo em geral — e ao corpo de teorias científicas que, ao definir literatura, desconsideravam o sujeito do texto, por irrelevante, uma contestação indireta que me agradou, pressentindo que ali havia uma chave importante a pensar. Mas o que bateu mesmo na minha cabeça foi o fato de ele iluminar com nitidez súbita, naquelas duas páginas em francês penosamente traduzido, a passagem que eu realizara meses antes do poeta que escreveu os modos de assassinar a poesia para o prosador que, afastando-se enfim de si mesmo, transformou este poeta em personagem e livrou-se da responsabilidade plena de seus versos. Eu senti na própria pele que Bakhtin havia tocado num ponto nevrálgico da fronteira entre a prosa e a poesia, mudando radicalmente o paradigma de abordagem.

Assim havia nascido, ao longo de 1982, o romance *Trapo*. Quando amigos me disseram que eu devia publicar os poemas, insistindo que eram engraçados, eu disse que não, que não assinaria aqueles versos; sim, eles podiam ser engraçados, mas apenas engraçados, e não boa poesia. Súbito, imaginei que *alguém* poderia escrevê-los, e um narrador os submeteria a um olhar crítico. Imaginei um velho professor aposentado e sem humor diante de um pacote de textos de um poeta suicida. Mas para que a ideia não resultasse numa chatíssima dissertação de mestrado (começava a moda dos escritores-professores que produziam textos acadêmicos com arcabouço ficcional, ou o contrário), ou mais uma metaficção pós-moderna qualquer que tirasse todos os eixos de referência para enfim dizer ao leitor ignorante que aquilo não era um cachimbo (um barco em que, por instinto, jamais entrei, exceto talvez no romance *A suavidade do vento*, e mesmo assim de raspão), acrescentei a figura mercurial da Isolda. Além disso, pela primeira vez na vida de escritor enfrentei o tempo presente, o mundo concreto contemporâneo; e a geografia também imediata entrou simples e bruta no texto, com Curitiba, suas ruas, praças e botecos; perdi o medo do meu próprio chão; amigos próximos viraram personagens autônomos; e emocionalmente me dividi, salomônico, entre o próprio Trapo (que eu acabava de matar) e o velho professor (quase uma autoimagem do que talvez seria o meu futuro). O resto é intuição, e o que há de talento e domínio da linguagem.

Enfim, não mais revisitei utopias regressivas, verdades triunfantes ou apocalipses poéticos que pudesse cantar. Eu estava mais ou menos sem rumo agora, desidealizado na vida e no texto, apenas com a minha prosa para chegar a algum novo sentido. Talvez devesse dizer que havia "descoberto" a minha literatura, como quem encontra, por aventura ou sorte, uma arca enterrada que estava lá desde sempre. Na verdade, eu havia *criado* a minha literatura, que agora ficava decididamente em pé com a minha própria cara.

E encerro aqui minha autorresenha; com *Trapo*, os outros enfim tomaram a minha palavra e passaram a dizer quem sou.

41

Continuo sem saber o que leva alguém a escrever, mas talvez eu já saiba alguma coisa sobre as suas consequências. Não é fácil tentar uma fenomenologia da atividade literária — eu tive de me incluir nela para resistir à tentação generalizante, quase sempre mentirosa.

O sentimento de inadequação, a que me referi de início, talvez comece apenas como uma expressão de silencioso ressentimento diante de um mundo que não prevê nossa existência e não nos reserva, por princípio, coisa alguma, mas a realização literária parece sempre alargar a perspectiva solitária do indivíduo para criar uma outra forma comunitária, de natureza quase clandestina. É inescapável: escrevemos porque queremos chegar aos outros. É preciso dar conta coletiva da infelicidade, para usar esse conceito de fácil acesso e nitidez difícil. Mas me entrego ao exagero retórico, com a desculpa de estimular o argumento: pessoas felizes não escrevem. Há um milhão de coisas mais interessantes à disposição dos felizes — por que diabos iriam eles largar os prazeres tranquilos da felicidade pela incerta e terrível solidão da escrita que, quando de fato assumida, é uma viagem sem volta?

Tudo bem — em alguns raros momentos da vida, devorados pela felicidade de alguma paixão adolescente, aquela felicidade explosiva que às vezes vivemos com a angústia de quem acompanha um inexorável fio de pólvora a queimar —, resolvemos sofregamente escrever, em geral belos versos.

Alguns deles até que ficaram na história. Acontece. Mas, se queremos ser realistas, a verdade é que a felicidade é péssima conselheira literária. A felicidade dispensa o esforço de pegar uma caneta, ou menos ainda, de ligar um computador. Muito mais provavelmente, e estatisticamente esmagador, é o impulso de escrever dos — mais uma metáfora — infelizes da Terra.

Há aqui um detalhe de partida que vou frisar de passagem e que reforça o sentimento de inadequação. É simples e cristalino: ninguém pede para você escrever. Não há uma procura objetiva, de mercado, atrás de escritores. Se daqui a 5 mil anos, quebrados todos os outros laços de informação sobre o mundo atual, um arqueólogo se debruçasse sobre um caderno de classificados do início do século XXI, edição de domingo, poderoso documento sobre a vida cotidiana dos terráqueos, não lhe restaria a mais remota pista de que havia um trabalho, um ofício, uma atividade chamada "escrever". Sempre brinco com esta imagem (que abre um dos meus romances) — deparar com um anúncio do tipo "procuram-se escritores", "contratam-se romancistas", "Poeta, com referências, paga-se bem". Nada. Ninguém quer saber de escritores, aqui, na China, nos Estados Unidos, em Uganda.

Claro que, *depois de prontos*, formados pelos misteriosos caminhos da conta própria, os escritores saem do limbo para os holofotes do prestígio social, ou pelo menos de algum prestígio, digamos, setorial, em sociedades pouco letradas, como a nossa. Todo escritor bem-sucedido é, no fundo, um *parvenu*. Daí a resistência a aceitá-los. Para ser aceito no clube dos outros, ou pelos outros, há um longo e duro caminho a trilhar, provas de resistência, controles de suposta qualidade, avaliações cumulativas, contestações espetaculares, desconfianças perenes, de modo que o escritor, quando preocupado em afirmar o grau social de seu *status*, jamais saberá de fato o que ele é e o que ele representa no labirinto e nos arcanos do prestígio artístico. Tudo é radicalmente incerto no seu trabalho. Mas atenção, para que eu não seja mal interpretado: estou apenas observando um fato, não lamentando-o. Considero esta característica central da atividade de escrever — o fato que, por princípio, ninguém está interessado nela, e os que estão interessados jamais revelam o que de fato querem, senão em lampejos inapreensíveis — absolutamente sensacional. Aliás, esta é a sua característica mais marcante, e mais um traço de sua radical inadequação.

Sim, sei que visto aqui um toque romântico sobre a atividade do escritor. Um historiador mais frio diria apenas que reverbero alguns dos conceitos típicos da geração que me formou, nos idos de 1960 e 1970, e que o conceito do escritor, do criador literário, como um lobo solitário contra o dragão do sistema social, como uma estranha espécie de pária voluntário, é apenas um ideologema já sem sentido na sociedade atual, marcada pela ideia quase totalitária de inclusão a qualquer custo.

É mesmo uma visão romântica — na sua origem, a atitude de uma classe de intelectuais que, na ressaca revolucionária do século XIX, já nostálgica da aristocracia naufragada, lamenta o pragmatismo burguês dos novos tempos. Um pragmatismo que iria possibilitar, em última instância, a criação do leitor moderno; a Revolução Industrial, a laicização do poder público, a divisão capitalista do trabalho, o crescimento das classes médias urbanas vão gerar o burguês que horrorizava tanto os românticos quanto o realista Flaubert, o mesmo burguês que será a matriz do leitor moderno, o cidadão comum com dinheiro, lazer e liberdade para ler romances. O relativo ócio pós-nobreza criou o herói romântico, saudoso dos valores perdidos na máquina do novo mundo que se programava adiante. Nos nossos anos 1970, mais uma vez era uma geração libertada e enriquecida pela ascensão das classes médias no pós-guerra que resolveu chutar o pau da barraca dos capitalistas, ou, genericamente, do "sistema".

Como sou cria daqueles tempos, trago até hoje esse sentido, que já se tornava mais um *desejo* profundo de inadequação. Eu *não queria* me integrar. Isso fez o escritor. Só pelo momento histórico? Em parte menor, com certeza, mas não somos respostas mecânicas ao tempo, como sonhava a velha dialética de bar. O que é realmente substancial é a escolha. Acho que a criação literária, para se justificar como tal, tem de manter tão radicalmente quanto possível, por escolha, a sua inadequação primeira.

42

Este ser inadequado começa a ler, o que nos dá outra pista da criação literária: ela não é uma atividade ingênua, espontânea, pura fruição e resposta ao real, mas um empreendimento mediado pela palavra escrita — e não fomos nós que a inventamos. Em toda parte se esbarra em uma muralha de textos. Os textos lidos são os criptogramas de iniciação à realidade maior que este primeiro leitor pretende. Entre o mundo — as coisas físicas, os sentimentos, as emoções terríveis, o medo e o riso alheios — e a cabeça pensante que em tudo mergulha e se vê envolvida está o desespero da linguagem, primeiro oral, com a sua absurda volatilidade e suas milagrosas entonações, e em seguida escrita, um bloco granítico de representações fixas sugerindo a ideia de tudo que é imutável e eterno. Há também sobre a escrita a sombra palpável, e solene, do prestígio social, religioso, político, e, como um prêmio de fim de festa, o prazer do ornamento e do verbo inútil — tudo pesa na palavra escrita.

É possível que no momento desta decisão — sou escritor —, assumida sempre como um momento terrível de solidão (ninguém está pedindo para que eu seja escritor, é o que todo escriba sincero logo perceberá; pelo contrário, seria melhor para todos que ele escolhesse outra coisa, são os sussurros sinceros que imaginamos ouvir), nosso herói descubra que seu desejo não tem propriamente um objeto. Isto é, talvez ele perceba que o suposto objeto de seu desejo não está fora dele, como uma tarefa qualquer ingente diante de si que ele só poderá cumprir se for escritor, e então ele se tornará escritor para cumprir essa tarefa inadiável. Quase nunca será esse o caso. Acontece em geral o contrário: é justamente o desejo de ser escritor que acaba por determinar, por faro, intuição, acaso, breves lampejos de pragmatismo e algumas inexplicáveis inspirações, qual é mesmo a tarefa a cumprir, uma tarefa que não existia antes, que não era sequer formulada, e que só ganha realidade pela força da minha decisão de escrevê-la.

Repetindo a anedota sobre o advento do computador — o computador veio para resolver problemas que antes não existiam —, podemos dizer que o ato de escrever também tenta resolver problemas que antes não existiam. Ou, se existiam, eram apenas uma massa difusa desesperada por uma formulação. (Uma formulação que, de fato, passa a ser por si só um outro problema grave, porque a linguagem, ao contrário do que pensamos em solidão, não tem nenhuma transparência ou clareza intrínsecas — cada palavra que se estabelece entre mim e o mundo, entre mim e os outros, já nasce sobrecarregada de sentidos secretos, duplicidades estranhas, opacidades vazias, intenções estrangeiras. O que é outra questão.) O impulso da representação literária, quando se concretiza no papel, nas suas primeiras formas, passa imediatamente a amarrar quem escreve a uma pauta de que ele não pode mais se livrar, sob pena de perder seu eixo de referência, a partir do qual o mundo e sua representação ganham a simulação de um sentido.

Ou seja, o ponto de partida, a primeira escolha, estabelece as regras do jogo. A primeira frase escrita de um texto ficcional é uma âncora exigente lançada entre o desejo de algo apenas intuído, uma sombra inquietante de sentido, e o mundo brutal dos fatos, tudo aquilo que é produzido pela linguagem alheia e nos envolve absurdamente. Esta primeira frase, esta âncora narrativa, estabelece por si só uma lógica autônoma, desde o princípio. Dita a primeira palavra, a segunda já será sua escrava. E no monitor — ou no papel, para os mais antigos — brilha aquela frase que já nasce estranha, com uma inquietante vida própria, descolada ao mesmo tempo da minha intenção bruta ao escrevê-la, e igualmente descolada do fato real ou imaginado que se pretende representar, sonhar, retratar ou negar. A palavra criada repousa num limbo, num território que não se entrega completamente a nenhum dos lados. Nesse limbo sem dono, e ao mesmo tempo enganosamente dócil ao toque das mãos e dos sentidos, se faz a criação literária.

Esse é só o ponto de partida, mas já nesse primeiro momento de criação o que se cria, de fato, não é jamais um retrato da realidade, mas um narrador autônomo. O que a literatura faz é, antes de tudo, formalizar um ponto de vista original sobre o mundo que não pode jamais se confundir, como numa colagem exata, com aquele que escreve, o autor em carne e osso. O nascimento da literatura é o nascimento de um narrador.

Mas de que modo este narrador — a linguagem que conta o livro que escrevo — não se confunde com aquele que escreve? Por dois aspectos centrais. O primeiro: a linguagem escrita, na sua exata abstração não redundante, na sua recuperação e lapidação em camadas (como se o tempo parasse no tempo enquanto ela se gera), cria uma rede autônoma de sentidos que apenas em parte lembra a rede viva da linguagem que falamos; há uma exatidão de artifício que o seu autor jamais terá em momento algum de sua vida real; o que nos leva ao segundo aspecto central — o narrador é sempre um objeto; o autor é um sujeito. Isto é, o objeto estético jamais se confunde com o evento da vida; ele é parte desse evento, do ponto de vista do leitor, mas não se confunde com ele. O evento vai adiante, ininterrupto, enquanto o objeto se fixa como eixo de referência.

(Aqui vai outro parêntese: a ideia de uma literatura sem autor, o conceito segundo o qual os tempos modernos implodiram a autoridade narrativa e portanto a linguagem fala por si em fragmentos autônomos, a afirmação de que o texto tem uma independência lúdica inacessível às mãos humanas, de que as tecnologias contemporâneas da linguagem criaram enfim a utopia que nos livrará da responsabilidade autoral — todos esses delírios de uma modernidade sem perspectiva são conceitualmente absurdos e eticamente inaceitáveis. Trata-se justamente do contrário: se a literatura quiser sobreviver como linguagem não oficial, ela terá a necessidade absoluta, intransferível, de significar sempre a criação de um narrador *responsável* (como *resposta* e como *responsabilidade*) que é, em última instância, o meu elo inalienável com o mundo em que eu vivo e de que faço parte.)

Escrever literatura é constituir um ponto de vista, pelo qual estabeleço um eixo de referência da minha condição humana. Relembremos, entretanto, o detalhe importante de que o ato de escrever *cria um narrador*, com quem eu não posso me confundir. Se eu mesmo sou o narrador, não escrevo literatura — simplesmente dou minha opinião pessoal sobre o mundo, faço uma confissão, comunico-me diretamente com o vizinho, conto histórias da minha vida; enfim, se eu sou o próprio narrador, sou parte integrante da minha vida, não relativizável e sem nenhuma distância (que podemos chamar provisoriamente de distância estética). Os atos da minha vida não podem ser estéticos no sentido de um acabamento final — se o meu gesto pessoal é ao mesmo tempo um gesto pessoal e uma obra de arte, eu me transformo em objeto, que é a suprema alienação, a minha autodesistência.

(A arte performática, em última instância, é a dissolução do sujeito em objeto. Pode ser, é claro, um ato político — em que o autor do gesto se distancia dele mesmo para dar a sua mensagem, fazendo-se objeto —, mas pode ser também uma entrega irracional, de raiz mística, a uma utopia escapista em que abandonamos a responsabilidade de sujeitos da história.)

Podemos dizer que a criação de um narrador, ato que é a alma da literatura, é sempre um gesto ético de abandono e generosidade (por mais mesquinhas ou egoístas que sejam as razões de quem escreve). Ao escrever, eu me transformo em outra pessoa, e obrigatoriamente tenho de ver o mundo do lado de fora de mim mesmo. Nesse momento, a ideia, ou o niilismo, de uma liberdade absoluta se relativiza. Na ficção, não sou eu que posso ditar regras ao mundo (se o fizer, serei um péssimo escritor) — é o narrador que eu criei, e ele está sempre no lado de lá, vendo-me criticamente.

43

Finalmente, chegamos ao leitor, sem o qual não existe literatura. O primeiro leitor é sempre o próprio escritor. Todo texto nasce cindido. O escritor escreve a frase que gostaria de ler: esse é o primeiro desejo de quem escreve. O escritor precisa escrever o que ninguém ainda escreveu, o sentido que ele não consegue encontrar em nenhum outro texto, e para isso cria um narrador supostamente único, que soprará as palavras que o autor gostaria de ouvir e que ninguém ainda disse. Como essa tarefa, tomada ao pé da letra, é virtualmente impossível — para que haja um sentido qualquer, por mínimo e miserável que seja, é preciso que seja partilhado —, o narrador se apropriará de tudo que se diz e do que já foi dito para, no meio dessa floresta fartamente habitada, abrir um caminho próprio e instituir a entonação de um outro ponto de vista, quase clandestino em meio às sombras. Enfim, afirmar-se como sujeito, apoiando-se inteiro em outras vozes.

São os olhos do leitor que criam o que ainda não existe, a partir dos andaimes textuais lançados pelo narrador. O ato da leitura realiza enfim a passagem delicada de um lado do real, a criação do narrador, a outro lado, a criação do leitor, que se fará sobre uma mensagem parcialmente cifrada. Permanece sempre entre a voz do narrador e os olhos do leitor a matéria bruta da realidade, que jamais falará por si só, mas cuja força, peso e determinação sentimos o tempo todo no evento aberto da vida. A literatura que me interessa propõe um desvendamento possível para essa massa bruta, sem jamais lhe voltar as costas nem se entregar a ela com a nitidez enganadora de um espelho imóvel; todo narrador cria hipóteses de sobrevivência e de não sobrevivência. Numa obra bem-sucedida, partilhamos a utopia de um mundo possível que, sem ocupar lugar real no espaço, será sempre uma chave generosa para que encontremos, narradores e leitores, nosso próprio espaço no espaço real. Não como um jogo apenas, nem apenas como esquecimento, embora jogo e esquecimento sejam também essências da linguagem — digamos que a literatura será uma aproximação densa e silenciosa entre duas pessoas num terreno a que nenhuma outra voz consegue chegar.

44

Conclusão? Fosse eu um Santo Agostinho, diria agora que, depois de uma vida de dores, percalços, cegueira e pecado, como num clássico (e tranquilo) romance de formação, encontrei a redenção — uma redenção vinda de Deus, da literatura, da vida, de um ponto ômega qualquer que, com um laço metafísico, dará enfim um sentido apaziguador ao quebra-cabeça que venho montando e desmontando ao longo do meu tempo. Alguma lição mínima que restasse, nítida, quem sabe luminosa, capaz de servir aos outros e indicar um caminho. Mas desgraçadamente não tenho o dom da fé, e, como sempre, continuo sem nenhuma ideia sobre o que vai acontecer. O que, também como sempre, me parece bom. Uma nova página em branco para escrever.

Este livro foi composto na tipografia Slimbach, no corpo 10/14,5,
e impresso em papel off-white,
no Sistema Cameron da Divisão Gráfica da Distribuidora Record